E S T O   E S   U N

ASUNTO
PERSONAL

JESÚS murió por su esposa, no por una organización.
La obra del ministerio es un asunto profundamente personal
para él y desea que sea igualmente personal para nosotros.

B O B   S O R G E

Vida®

La misión de Editorial Vida es ser la compañía líder en comunicación cristiana que satisfaga las necesidades de las personas, con recursos cuyo contenido glorifique a Jesucristo y promueva principios bíblicos.

Esto es un asunto personal
Edición en español publicada por
Editorial Vida – 2010
Miami, Florida

© 2010 por Editorial Vida

Originally published in the USA under the title:
IT'S NOT BUSINESS, IT'S PERSONAL
Copyright © 2009 by Bob Sorge
Published by Oasis House PO Box 522 Grandview, MO 64030-0522

Traducción: *Gisela Sawing Group*
Edición: *Gisela Sawing Group*
Diseño interior: *Grupo del Sur*
Diseño cubierta: *Leo Pecina*

ISBN: 978-0-8297-4044-8

CATEGORÍA: Vida cristiana/General

IMPRESO EN ESTADOS UNIDOS DE AMÉRICA
PRINTED IN THE UNITED STATES OF AMERICA

10 11 12 13 ❖ 6 5 4 3 2 1

Jesús murió por su Novia, no por una empresa.
La tarea ministerial es un tema profundamente
personal para él y quiere que sea igual de
personal para usted.

DEDICATORIA

A Joel, mi hijo.

Joel has escogido detenerte ante el Novio y escuchar su voz.

Has optado una y otra vez por el ayuno como un estilo de vida cuando debías tomar decisiones, y has decidido por una entrega personal a Jesús.

Te dedico este libro porque su mensaje tocará tu alma.

Estoy orgulloso de ti y del entorno de crianza enriquecedor que Anna y tú le proveen a mi nieto.

Con todo mi afecto,
Papá.

CONTENIDO

Capítulo 1

Jesús y su Novia 1

Capítulo 2

El amigo del Novio 11

Capítulo 3

Personal hasta el final 23

Capítulo 4

Naveguemos en disminución 35

Capítulo 5

Mercenarios y comerciantes 43

Capítulo 6

Sumemos puntos con la Novia 53

Capítulo 7

Eunucos espirituales 63

Capítulo 8

La industria de la adoración 73

Capítulo 9

Los tres paradigmas de la adoración 83

Capítulo 10

La gloria de su morada 93

Capítulo 11

La cruz lo hace un tema personal 105

CAPÍTULO 1
JESÚS Y SU
NOVIA

No me gusta admitirlo, pero la idea del título de este libro la obtuve de una película.

A veces, al ver una película encuentras un personaje que dice una frase que llama profundamente tu atención. Eso me pasó cuando estaba viendo *Tienes un E-mail*. Describiré el contexto para que la frase que resalto en este personaje tenga sentido.

En el film, Meg Ryan desarrolla el papel de dueña de una librería que había heredado de su madre, en la ciudad de Nueva York. Luego de la muerte de su madre, esta librería significaba todo para Meg. Era su herencia, su sustento, su pasión, su futuro. Todo su mundo giraba en torno a su librería.

Tom Hanks es el otro personaje principal en la película. Él es un multimillonario que tiene una gran cadena de librerías, y decide abrir una de ellas a la vuelta de donde está la pequeña librería de Meg. Esto hace que Meg comience una campaña de publicidad negativa contra Hanks y su súper librería.

La trama tiene una vuelta interesante cuando Hanks y Ryan, casualmente inician una amistad anónima a través del correo electrónico. Sin saber a quién le está escribiendo, Hanks empieza a dar consejos a Ryan acerca de cómo lidiar con la persona que le está causando problemas a su negocio. Él insiste en que ella resista a su competidor con todas sus fuerzas. Para reforzar su confianza, él repite todo el tiempo su lema: «No es un tema personal, son sólo negocios». Lo que quiere decir es, que cuando se ataca a un competidor, no se lanza un ataque personal sino que se está tomando una sabia decisión de negocios. Ser combativo. Dar pelea. No hay ningún tema personal en lo que estás haciendo, es exclusivamente lo que debes hacer para sobrevivir en el mundo de los negocios.

Él le dice que debe repetirse a sí misma: «No es un tema personal, son sólo negocios».

Poco después, Hanks descubre la identidad de la persona con la que se estaba escribiendo. Ella es la dueña de la librería a la cual él estaba sacando del mercado. Mientras que la ironía de la situación lo golpea, algo más golpea su vida. Se está enamorando de ella.

Hanks empieza a pasar más tiempo con Ryan

para poder encontrar formas de conocerla mejor. A pesar de esto, Hanks sabe a quién le escribe, pero Ryan no sabe que se va a encontrar con el hombre que le escribía anónimamente.

Bueno, lo inevitable ocurre. El negocio de Meg Ryan se desploma y es forzada a cerrarlo.

Luego que el negocio de Meg muere, Tom Hanks tiene una repentina revelación y se da cuenta que quiere casarse con Meg. Pero, ¿cómo podría ganarse su corazón, siendo él el responsable de que el negocio de ella tuviera que cerrar?

Luego de esta situación, sigue la escena de la película en la cual Tom y Meg están juntos y Tom está tratando de disculparse por haberla sacado del mercado. ¿Qué podría decir? Al quedarse sin palabras, él vuelve a su vieja frase y débilmente le dice a ella: «No era personal».

La respuesta de Meg es clásica. «Lo que esto significa es que no era personal para ti. Pero lo era para mí. Porque independientemente de lo que sea, debería *empezar* siendo personal». Ante esa respuesta, Tom no pudo decir una palabra.

ESTO ES UN ASUNTO PERSONAL PARA JESÚS

La profundidad de la respuesta de Meg es asombrosamente aplicable a la iglesia de Jesucristo. Para Jesús, la iglesia no es un negocio, es un asunto personal.

Jesús no es meramente un astuto hombre de negocios que ha descubierto una prometedora empresa en uno de sus planetas. No es un empresario que está trabajando un nuevo ángulo de su negocio para maximizar su beneficio. No es un especulador involucrándose en un nuevo e innovador emprendimiento. No, ninguna de estas imágenes se acerca al corazón de Jesús y su misión en el planeta Tierra.

Sin embargo, Jesús es un Novio locamente enamorado que ha venido a ganarse el afecto de una Novia (la Novia que su Padre le ha prometido).

El amor no es un asunto de negocios, es algo personal.

Permítanme, a partir de esto, tomar la frase de Tom Hanks, invertir las palabras, y hacer una declaración acerca de la perspectiva de Jesús sobre la iglesia: «No es un negocio, esto es algo personal».

UNA METÁFORA DESDE EL CASAMIENTO

Jesús tiene un interés personal en la iglesia. Somos llamados su Novia. El día del casamiento no ha ocurrido aun, pero está pronto a suceder. No somos una adquisición de negocios que él quiere conquistar, sino que somos su eterna alma gemela a la cual busca cortejar. Él está tras una novia enamorada. Eso lo hace personal.

Puedo entenderlo ya que alguna vez fui novio. En el día de mi casamiento, no hice un pacto matrimonial con mi esposa Marci como si fuera un tema de negocios. Yo no estaba pensando: «Ella tiene buenos dientes o una espalda fuerte. Hará la cama, cocinará mis comidas, planchará mis camisas, limpiará los pisos, irá de compras al supermercado, me dará hijos y manejará el presupuesto de la familia».

Pero, sin embargo, ella hace todas esas cosas. Un matrimonio correctamente expresado, significa que la labor de ambos, del esposo y de la esposa, codo a codo, hace que todas las tareas se completen para hacer que la vida funcione. Cuando salgo de viaje, por ejemplo, estoy agradecido de poder quedarme tranquilo de que Marci está al frente de la casa, y que se va a encargar de tener todas las ruedas de la gran maquinaria de la casa corriendo aceitada y eficientemente.

Pero esa no es la razón por la cual me casé con ella. Lo hice por una razón: Amor. Supe que iba a haber muchas responsabilidades nuevas que tendría que atender en nuestra casa y que ella me iba a ayudar de acuerdo a sus habilidades, pero principalmente, no me casé con un socio de negocios sino con la persona a quien amaba.

Lo mismo ocurre con Jesús. Él no murió en la cruz para procurar ayudar en los quehaceres domésticos. El miserable horror y extravagante abandono de la cruz no fue soportado solo para ganar a una empleada doméstica. No, él murió para ganarse para sí mismo una amante, una compañera, una Novia.

Él murió en la cruz por amor.

La razón principal por la cual todo esto es personal para Jesús es por la cruz. Cuando se sometió a la cruz, lo hizo como un tema profundamente personal. No hay nada más personal que cuando estás colgando de un madero. (Cuando ellos clavan los clavos en tus manos, lo tomas como algo personal.) La relación de Jesús para con nosotros se formó en esas seis horas de sufrimiento, fue tan personal como la cruz misma. Fue una cruz personal, y es una Novia personal.

Además, Jesús no vino simplemente para reclutar un ejército (como si necesitara guerreros. Él ya tenía abundancia de ellos dentro de la multitud del cielo). Él no estaba buscando casarse con una mujer ruda que intimidara a sus enemigos con su fuerza física. Verdad, cabalgaremos con él hacia la batalla hasta el fin de los tiempos contra el Anticristo y su ejército (Apocalipsis 19), pero nuestra identidad primaria no es la de ser un verdadero guerrero sino el de ser una Novia. La metáfora final que utiliza la Biblia para identificarnos es la de la Novia (ver Apocalipsis 22:17).

LA LÍNEA ENTRE LOS NEGOCIOS Y LO PERSONAL

Cuando una persona es un hombre de negocios, *espera* que otros hombres de negocios compitan con él. No se ofende cuando otro empresario trata de hacer una oferta más baja o una mejor producción. Puede ser que en un momento esté disputando con un competidor el poder ganar el mismo contrato, y luego ir a almorzar juntos. Su relación es cordial porque está claro que la competencia es un elemento intrínseco de los negocios.

En cambio, si la otra persona intenta seducir a tu esposa, eso sí es diferente. Ya no es más un tema de negocios, es algo personal.

Si provoca los celos de un hombre cometiendo adulterio con su esposa, puede intentar satisfacerlo ofreciéndole dinero, pero no lo aceptará. Ninguna cantidad de dinero compensará la furia de un esposo, porque no se trata de un asunto de negocios, es algo personal.

Para un hombre, la línea entre los negocios y lo personal están muy claras. Podrá llevar a su esposa en un viaje de negocios, y durante el día estar completamente absorbido en sus asuntos profesionales. Pero cuando el atardecer se acerca y es hora de llevar a su esposa a cenar, dejaste completamente de lado el negocio y la noche toma un ambiente de tranquilidad e intimidad.

Porque cuando se trata de su esposa, hijos o familia cercana, no es un tema de negocios sino algo personal.

HAY NEGOCIOS DEL REINO PARA HACER

Para plantear un panorama completo, necesito aclarar que hay elementos del reino que son negocios por naturaleza. Después de todo, fue Jesús quien dijo: «Hagan negocio con este dinero hasta que yo vuelva» (Lucas 19:13). Alguien tiene que formular y manejar el presupuesto de la iglesia. Debemos organizar eventos y administrar a las personas. A veces construimos nosotros mismos nuevos edificios para realizar actividades del reino. Distribuir efectivamente comida y ropa para los pobres requiere una cabeza de negocios. Los negocios del reino involucran calendarios, gente, agendas, autos, autobuses, aviones, compras, reuniones, comidas, oficinas, equipamiento, teléfonos, emails, bancos, etc. Pero aun, cuando constantemente hacemos los negocios necesarios del reino, estamos recordándonos a nosotros mismos que lo estamos haciendo por la relación que tenemos con Dios a través del Señor Jesucristo.

Actualmente, Jesús mismo es un destacado hombre de negocios. Y él no está interesado en hacer todo solo. A él le gusta cuando su

Novia está a su lado, haciendo cosas con él. Hay montones de cosas diferentes que él está planeando hacer con ella. Tiene planes para que ella reine con él por siempre en la tierra (Apocalipsis 5:10). Tiene planes para que ella juzgue ángeles y reyes (1 Corintios 6:2-3, Apocalipsis 2:26-27, 20:4), y reclame la administración y dominio del hombre sobre toda la tierra (Génesis 1:28). Ella será increíblemente activa, tanto durante los 1000 años de reinado de Cristo en la tierra, como eternamente. Hay *muchísimas* cosas que harán juntos.

Pero sobre todo, Jesús quiere que se trate de amor. Desea que nuestra unión societaria con él fluya de la intimidad ardiente y encendida del amor. La relación amorosa es siempre el deleite primario, la relación laboral es lo que resulta de la intimidad (ver Mateo 22:27-29).

CAPÍTULO 2

EL **AMIGO**
DEL **NOVIO**

Juan el bautista tuvo una revelación sobrenatural sobre la identidad del pueblo de Dios como una Novia. El Espíritu Santo le mostró que Jesús era un Novio celestial que vino a la tierra en busca de su Novia. También le fue dada a comprender bien la naturaleza divina de su rol de servicio en ese santo romance.

En una charla con sus discípulos sobre esto, Juan les dijo que tuvo una relación única con Jesús. Él se llamaba a sí mismo «El amigo del Novio». Al usar esta frase, Juan tenía en una sola imagen tanto la relación natural de una Novia y un Novio, como la relación natural entre él y el Novio.

> *«El que tiene a la novia es el novio. Pero el amigo del novio, que está a su lado y lo escucha, se llena de alegría cuando oye la voz del novio. Ésa es la alegría que me inunda»* (Juan 3:29).

11

En este verso, Juan mostró una imagen alegórica para nosotros. El pacto del pueblo de Dios está representado como «La Novia», el Mesías, quien estaba viniendo a liberarlos, es llamado «el Novio», y Juan mismo es «el amigo del novio». En el lenguaje de hoy, llamaríamos a Juan como «el padrino de la boda».

En dicho verso, Juan utilizó una ilustración que compone para nosotros, quizás la manera más reveladora en toda la Escritura, el tipo de relación que Jesús quiere tener con sus ministros y siervos. Al observar a su Novia, quiere que nuestra relación con él sea de amistad, y no de trabajo

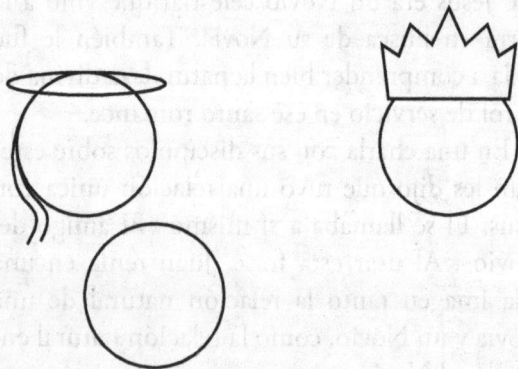

FIGURA 1

La figura que está por encima demuestra la alegoría de Juan. El Novio de la derecha es Jesús, la Novia de la izquierda es el pacto del pueblo de Dios, y al lado de la Novia se encuentra Juan, el amigo de la Novia. Se van a dar cuenta del espacio que hay entre el Novio y la Novia. Este espacio retrata la relación a larga distancia que la Novia tuvo con el Novio antes de su venida. Previo a su llegada, el amigo del Novio se paró al lado de la Novia para servirla.

El amigo fue mandado antes de tiempo por el Novio para preparar a la Novia para su venida. Como amigo del Novio, Juan tenía la tarea de preparar el corazón de la Novia para la llegada de su pretendiente. Sus deseos debían ser purificados para que ella no anhele a nadie más que no sea a su amado. Su fe necesitaba ser renovada. Ella había esperado tanto tiempo al Novio que su corazón se había enfermado trayéndole una falta de esperanza que había envuelto su alma. Ella necesitaba una inyección de expectativa para poder levantar sus ojos otra vez.

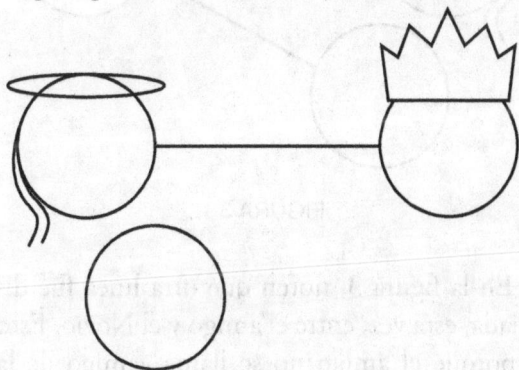

FIGURA 2

En la figura 2 fue dibujada una línea para conectar a la Novia con el Novio. En palabras de Juan, esto fue porque: «El que tiene la Novia es el Novio». Jesús la tiene a ella. Él es su dueño. Él posee su corazón, sus afectos, sus esperanzas, sus deseos, sus aspiraciones, sus lealtades. Él tiene su corazón en la palma de su mano. Sus emociones podrán fluctuar de vez en cuando, pero hay uno solo a quien ella ama. Hay uno solo que se ha ganado sus afectos. A uno solo ella le ha prometido todo. Él la *tiene* a ella.

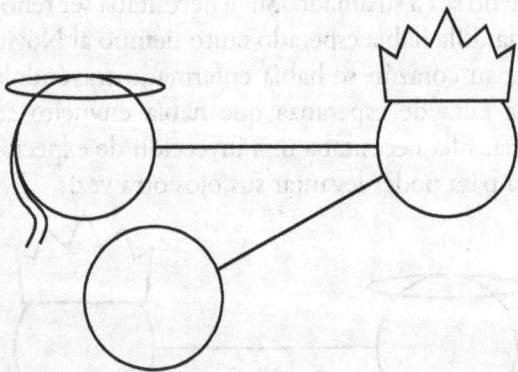

FIGURA 3

En la figura 3, noten que otra línea fue dibujada, esta vez, entre el amigo y el Novio. Esto es porque el amigo no se llama «amigo de la Novia» sino «amigo del Novio».

Es importante resaltar que la conexión primaria del amigo es con el Novio, no con la Novia. En esta triada, hay un lazo de lealtad con el Novio. Por lo tanto, la principal preocupación del amigo no es conocer las expectativas de la Novia sino satisfacer los deseos y necesidades del Novio.

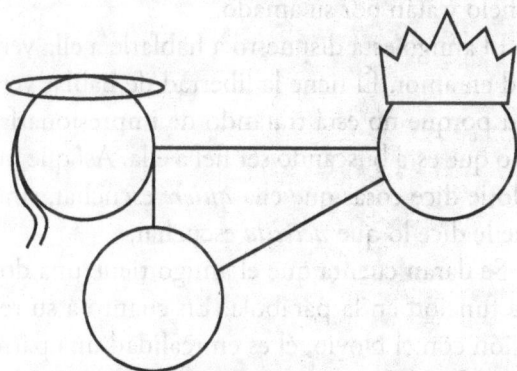

FIGURA 4

Notará que otra línea fue añadida, esta vez entre el amigo y la Novia. La línea no va directamente a la Novia en sí misma, sin embargo va a modo en que ella se relaciona con el Novio. Lo dibujé de esta manera para mostrar que el amigo no está tratando de establecer una conexión con la Novia, sino que está tratando de incrementar su conexión con el Novio. Él ha venido a fortalecer y nutrir la calidad de la relación de ella con Jesús.

Él le recuerda a ella la belleza, la grandeza y el esplendor de su Novio. El amigo recuerda su amabilidad, gentileza, humildad, salud, prestigio, personalidad, servicialidad, entendimiento, sabiduría, gracia, misericordia, poder y amor. Para cuando el amigo ha finalizado de hablar acerca de él, los ojos de la Novia rebosan con anhelo y afán por su amado.

El amigo está dispuesto a hablarle a ella verdad en amor. Él tiene la libertad de hablar verdad porque no está tratando de impresionarla, sino que está buscando ser fiel a ella. Así que no solo le dice cosas que ella *quiere* escuchar, sino que le dice lo que *necesita* escuchar.

Se darán cuenta que el amigo tiene una doble función en la parábola. En cuanto a su relación con el Novio, él es en realidad una parte de la Novia. En cuanto a su relación con la Novia, él es amigo del Novio. En identidad, él es parte de la Novia. En función, él es amigo del Novio. Así que llamarlo «amigo del Novio» es una designación que apunta a su función como ministro de la Novia.

El resultado final es que el amigo sirve a la Novia como alegoría del Novio. Él y la Novia tienen una fuerte historia juntos, y el lazo de afecto que los une, hace que el amigo esté dispuesto a salirse de su camino por seguridad del Novio.

Quiero ilustrar ese punto en la vida de

Abraham. En breve, regresaremos a Juan el Bautista, pero por ahora, considere el ejemplo de Abraham como amigo del Novio Dios.

CINCO COSAS QUE DIOS LE PIDIÓ A ABRAHAM

La Biblia nos habla de solo cinco cosas que Dios le pidió de Abraham. La primera era: «Deja tu tierra y ve a una tierra desconocida» (Génesis 12:1).

No creo que a Abraham le haya costado mucho tiempo tomar esa decisión. La opción era quedarse en Ur (o sea, ¡qué alegría! ¡La arenosa Ur!), o ir a una misteriosa tierra donde heredaría todo el país y bendeciría el mundo entero. Él evaluó los pros y los contras, y decidió: «Me voy de aquí».

Después que obtuvo la tierra prometida de Canaán, Dios hizo su siguiente solicitud: «Ve y recorre el país a lo largo y a lo ancho» (Génesis 13:17). Abraham cumplió e inició una larga caminata, de este a oeste, de norte a sur. Era una buena tierra.

Solicitud numero tres: «Sé intachable» (Génesis 17:1). Con esto, me imagino a Abraham teniendo su primera pausa. «Espera un minuto», está pensando. «Cambias las reglas todo el tiempo. Tú dijiste que si dejaba la tierra de Ur me darías esta tierra, y eso es lo que acordé.

Yo estaba de acuerdo en recorrer la tierra, pero ahora esto se está volviendo algo personal. Intachable. ¡Ups! Esto no va con mi estilo. Esto afecta cómo vivo. ¡Caramba! Me estás pidiendo que sea intachable».

Luego de considerarlo por un rato, puedo suponer que concluyó diciendo: «Bueno, después de todo, él me está dando toda la tierra. Creo que eso le da el derecho de requerir *algo* de mí. Bueno, dedicaré mi corazón a él y caminaré de forma intachable. Después de todo, ¿qué más podría pedir él de un muchacho?».

Pero Dios *si* tenía algo más que pedir. Aquí viene la solicitud número cuatro: «Circuncídate» (ver Génesis 17:10). Estoy seguro que este requerimiento hizo que Abraham haga una verdadera pausa. «¡Espera un minuto! ¡Otra vez estás cambiando las reglas! ¡Ahora sí te estás tornando *realmente* personal!».

Verán, para un muchacho, la circuncisión es un tema personal. Extraordinariamente personal.

Asombrosamente, las Escrituras nos cuentan que Abraham fue circuncidado *ese mismo día*, junto con todos los varones que había en su casa (Génesis 17:23). Esto es lo que Dios amaba de Abraham: su inmediata e implícita obediencia.

«Caray, ¡esto es realmente intenso!». Me lo imagino reflexionando: «Esto no es cualquier cosa. Aquí estoy, con 99 años de edad, y Dios me está pidiendo que me circuncide. Bueno, lo haré. Este es el último sacrificio que estoy dispuesto a hacer. Por él. Quiero decir, ¿qué más podría pedirme?».

Sin embargo, Dios tenía una solicitud final para Abraham.

Luego le dijo: «¡Abraham!». Y él le dijo: «Aquí estoy». Agregó: «Toma a tu hijo, tu único hijo Isaac, a quien amas, y ve a la región de Moria, y ofrécelo a él en ofrenda en una de las montañas que te diré» (Génesis 22: 1-2).

Abraham estaba aturdido. «Dios, esta vez no estás cambiando las reglas, estas cambiando el campo de juego. Hasta ahora tus solicitudes afectaron *mi* vida, pero este pedido ahora afecta la vida *de mi hijo*. ¡Dios, estás haciendo añicos mi teología! ¡Me estás pidiendo que cometa un *asesinato*! ¿Cómo le voy a explicar esto a Sara?».

Esta última solicitud dejó helado a Abraham. A él no se le podía haber ocurrido algo más personal que la circuncisión, hasta ahora. Pero esto era personal a la tercera potencia. Este chico era la luz de sus ojos, era el hijo del milagro, el hijo de la promesa.

¿Qué debía hacer Abraham? Su mente estaba trabajando aceleradamente. ¿Cuáles eran sus opciones? Realmente, ninguna. Era obedecer o... bueno, desobedecer no era una opción. Él no tenía otra alternativa más que obedecer la voz de Dios y sacrificar a su único hijo.

CÓMO DEMOSTRÓ ABRAHAM SU AMISTAD CON DIOS

Abraham volvió sus pensamientos a cuando Dios le había ofrecido heredar el mundo (ver Romanos 4:13). Él debía admitir que la amplitud espectacular de la oferta de Dios lo llevaba un poco allá a los deseos de ser rico e importante. Él podía hacer las cuentas. Aceptar la oferta de Dios era, nada más que una inteligente estrategia de negocios. Pero ahora, este pedido de matar a su hijo estaba removiendo cada gramo de negocios de la ecuación. Ahora era 0% negocios, y 100% personal.

La Escritura da testimonio acerca de la asombrosa respuesta de Abraham.

> *«Abraham se levantó de madrugada y ensilló su asno. También cortó leña para el holocausto y, junto con dos de sus criados y su hijo Isaac, se encaminó hacia el lugar que Dios le había indicado»* (Génesis 22:3).

Obediencia radical e inmediata. ¡Asombroso! Abraham fue directamente a la montaña, amarró a su hijo, lo colocó en al altar y alzó la cuchilla. Abraham estaba absolutamente dispuesto a clavarle la cuchilla a su hijo para matarlo. Pero en ese preciso momento una voz del cielo lo detuvo.

«¡Abraham! ¡Abraham! [...] No pongas tu mano sobre el muchacho, ni le hagas ningún daño —le dijo el ángel—. Ahora sé que temes a Dios, porque ni siquiera te has negado a darme a tu único hijo» (Génesis 22:11-12).

En lugar de sacrificar a su hijo, Abraham en esta ocasión pudo ofrecer un carnero que estaba atrapado en un matorral cercano.

En este caso, las emociones de Dios hacia Abraham eran tan intensas y apasionadas que cuando lea los versos siguiente, tendrá la impresión de que Dios apenas podía contenerse a sí mismo. Dios estaba tan conmovido por la consagración y obediencia de Abraham que abrió sus tesoros del cielo y prodigó a Abraham las promesas más extravagantes e inimaginables.

«El ángel del Señor llamó a Abraham por segunda vez desde el cielo, y le dijo: —Como has hecho esto, y no me has negado a tu único hijo, juro por mí mismo —afirma el Señor— que te bendeciré en gran manera, y que multiplicaré tu descendencia como las estrellas del cielo y como la arena del mar. Además, tus descendientes conquistarán las ciudades de sus enemigos. Puesto que me has obedecido, todas las naciones del mundo serán bendecidas por medio de tu descendencia» (Génesis 22:15-18).

La Biblia llama a Abraham el «amigo de Dios» (Santiago 2:23). Esa amistad fue sellada ahí mismo, en el Moria. Cuando Abraham ofreció su hijo en ese altar, él se transformó en una ilustración grafica del plan de redención de Dios.

«El día está por venir, Abraham, en el cual voy a ofrecer a mi único Hijo, al Hijo que amo, en un monte. Tú no tienes que atravesar a tu hijo con la cuchilla, pero yo sí. Vendrá un día en el que voy a llevar a mi Hijo a la montaña y lo mataré. Él morirá por los pecados del mundo. Abraham, necesito a alguien que muestre al mundo cuál era mi plan de redención. Te pedí ser ese ejemplo viviente, y aunque no entendiste, obedeciste mi voz y personificaste esta parábola. Abraham, no te pedí hacer esto por tu propio bien, te pedí que lo hagas por mi propio bien. Yo necesitaba esto. Dejaste a un lado tu agenda para cumplir con mi agenda. Abraham, para esto están los amigos. Los amigos dan la vida el uno por el otro. ¡Verdaderamente eres mi amigo! *Nunca* voy a olvidar esto».

Al servir a los intereses de Dios más que a los propios, Abraham demostró lo que es ser un verdadero amigo del Novio.

Ahora volvamos a Juan el Bautista.

CAPÍTULO 3
PERSONAL
HASTA EL **FINAL**

Juan sirvió al Novio por razones personales que tenían que ver con la amistad. Pero esa actitud no fue natural para Juan. Él tuvo que ser forjado en un crisol. Ser un hombre de negocios es algo natural, servir como amigo del Novio era una gracia que debía desarrollar.

De eso se trataba el desierto de Juan.

Dios mando a Juan al desierto para prepararlo y moldearlo en una vasija que encajaba para ser usada en propósitos nobles.

Como verán, Dios se estaba alistando para hacer algo glorioso en Israel. Él estaba preparándose para mandar a su Hijo a nuestra tierra. Dios estaba por establecer su residencia entre los hombres. La gloria de esto sería sin precedentes. Para preparar al pueblo ante la venida del Mesías, Dios tuvo que levantar un precursor.

Juan el Bautista fue el hombre que Dios

escogió para ser ese precursor. Pero para preparar y cultivar el corazón de Juan, Dios lo llevó al desierto. Durante esos largos y solitarios años allí, él ayunó, oró y escudriñó las Escrituras. Dios esculpió su corazón hasta que se convirtió en un verdadero amigo del Novio.

En Juan el Bautista, Dios no necesitaba un poderoso orador con habilidades en los negocios quien tendría el conocimiento para hacer un imperio ministerial. Dios necesitaba un amigo. Él necesitaba alguien que hiciera precisamente lo que *él* quería que se haga, no lo que el *siervo* quería hacer. Para conseguir esa clase de amigo, Dios tuvo que tratar de forma personal con Juan.

Piense por un momento sobre el poder que debió haber reposado sobre la predicación y el ministerio de bautismo de Juan. Él llegó en un momento en que el pueblo de Dios era insensible en su incredulidad; y sin embargo, su predicación movilizó tanto a las personas que llegaban desde muchos lugares para ser bautizadas. Si los números del historiador Josefo son correctos, Juan promedió un total de más de 40.000 visitantes por mes.

La unción sobre el mensaje de Juan fue histórica. El poder del Espíritu Santo que cubría sus palabras llegaba a tocar hasta el corazón más pecador. Yo lo llamo «unción del arrepentimiento». Una clase similar de unción de arrepentimiento vino sobre Jonás, y como resultado de su predicación la impía ciudad de Nínive se arrepintió en masa. La clase de unción que tenía Jonás era la que después reposó en la prédica de Juan. La gente llegaba de todos lados, arrepintiéndose de sus pecados y bautizándose en aguas. El impacto en su vida estaba haciendo temblar la nación.

Dios sabía que se iba a necesitar este nivel de unción para sacudir la nación y preparar el camino de Jesús. Pero ¿a quién se le podía confiar este poder? Era necesaria una inusual vasija, alguien que no tuviera ninguna inversión de negocios en la tarea. Así que Dios escogió a Juan, tenía que llevarlo a un desierto para poder hacer de esto algo personal.

El desierto lo hace personal.

Si Juan tuviera alguna aptitud de negocios desarrollándose en él, el poder de la unción se hubiera prostituido. Es decir, Juan estaría tentado a manipular la unción para una ventaja personal. Pero Dios usó el desierto para quitar de Juan todo interés de negocio. Cuando finalmente él se manifestó a Israel, era un verdadero amigo de Dios.

Y cuando él se presentó, rugió en el escenario de una nación apóstata.

MI MINISTERIO DE CONSULTORÍA DE NEGOCIOS

El ministerio de Juan estaba poderosamente ungido, y sacudió a la nación. Una vez, en un solitario desierto desconocido, él fue sorprendentemente disparado sobre la escena nacional para ser reconocido. Multitudes colmaban sus reuniones. Dios estaba visitando a su pueblo.

Ahora, me doy cuenta que Juan tenía un poderoso ministerio. Pero si yo hubiera estado vivo en esa época, le hubiera ofrecido gratamente mis servicios como consultor o asesor ministerial (estoy siendo algo irónico). De haberlo pedido, le hubiera ofrecido algunas sugerencias para crecer en un ministerio poderoso. Conozco lo suficiente acerca de principios de crecimiento para la iglesia como para entender que Juan podría haber tenido un ministerio aun de mayor impacto. Dada la oportunidad, lo hubiera sugerido lo siguiente:

1. Trasladarse a un centro poblacional

Juan, algo bueno está pasando aquí. Hay un impulso autentico en tus reuniones. Obviamente tienes el favor de Dios en lo que estás haciendo porque la gente viene de todos lados. Pero podrías llevar tu ministerio a un nivel completamente nuevo con tan solo un par de ajustes.

Lo primero que necesitas cambiar es tu lugar de encuentro. Estás estancado en esa tierra de nadie. La gente tiene que viajar por días a través de cuencas de polvo para llegar a este desierto abandonado. Solo toma lo que estabas haciendo allí, en Timbuktu, y múdalo a un centro poblacional. Juan, tú estás convocando grandes multitudes para una localidad tan remota, ¡solo piensa cuánta gente iría a tus reuniones si las hicieras en una ciudad! Y si quisieras escuchar mi recomendación, te propongo que sea en Jerusalén. Establece un ministerio central en Jerusalén y no solo sacudirás la nación entera sino también las naciones vecinas. Simplemente cambiando tu localidad destrabarás el destino y el llamado internacional que Dios tiene para tu vida.

2. Cambia de dieta

¡Hermano, tienes que comer! Estás escuálido. Ayunas demasiado, y cuando comes, son langostas y miel silvestre. Las langostas horneadas son demasiado magras para llenar adecuadamente tu sistema. Estás demacrado y pálido. No hay nada atractivo en tus mejillas y tus ojos hundidos. Para ser honesto, pareces un poco espeluznante. La gente no puede imitar tu dieta, es demasiado rigurosa. Juan, oye lo que te digo, ¡es hora de poner algo de carne en esos huesos!

Simplemente llega a un peso normal y a la gente le será más fácil recibir de ti.

3. Actualiza tu armario

Juan, ¿por qué usas la ropa al estilo de Elías? El pelo de camello y el cinturón de cuero… No estamos en los 90's ni los 80's ni los 70's ni los 60's. Juan, tu estilo parece de hace 800 años, es verdaderamente anticuado. No es solo que luces antiguo e irrelevante, sino austero y bruto. Intimidas a la gente solo con tu presencia. Ellos se detienen a la distancia y te escuchan desde lejos. Y ¿quién los puede culpar? Estás flaco y das miedo.

Y tengo un último consejo.

4. Deja de insultar a la gente que viene a tus reuniones

Juan, mucha gente viaja por días para llegar a escucharte, y al llegar, los insultas. Esta es la misma gente con la cual estás tratando de formar tu ministerio. Para retener su compromiso, debes dejar de llamarlos «generación de víboras». No estoy diciendo que los endulces con halagos, solo deja de insultarlos.

Juan, emplea estos simples cuatro procedimientos, y te prometo que tú y tu ministerio pasarán a un nuevo nivel.

Puedo escuchar la respuesta de Juan.

«Tú no entiendes. ¡No estoy tratando de levantar un ministerio! No me involucré en esto para hacer que más y más personas me sigan, estoy en esto por un hombre. Verás, tuve un encuentro celestial, y un ángel me dijo que el Espíritu Santo descendería sobre un Hombre a quien bautizaré. Me dijo también que cuando vea al Espíritu Santo descender sobre él, ahí sabré que él es la persona que estaba por venir... Él es el Cordero de Dios que lleva los pecados del mundo. Hago todo esto por un Hombre. Es algo personal para mí».

El ministerio era algo personal para Juan, no representaba un negocio a capitalizar. Su ejemplo nos sorprende a nosotros que vivimos en años en que muchos ministros están usando principios de negocios perspicaces para formar mayores congregaciones. Muchas de las conferencias para pastores y líderes refuerzan el enfoque al ministerio concentrándose en cómo los pastores pueden hacer crecer su iglesia de 100 a 200 personas. La necesidad manifiesta de muchos líderes en nuestra generación es saber cómo romper la barrera de crecimiento y así hacer crecer su congregación. ¿Dónde están las voces llamándonos a regresar a la autenticidad que Juan demostraba, la autenticidad de buscar con anhelo la llegada de un amigo de verdad?

UN ROCE ENTRE DOS MINISTERIOS

Aunque que el ministerio no era un negocio para Juan, sus discípulos estaban en otra sintonía. De hecho, para ellos, sí *era* un negocio.

Nos damos una idea de su perspectiva por un incidente registrado en Juan 3. Poco tiempo antes de que llevaran a Juan a prisión, ambos, Juan y Jesús, estaban ministrando simultáneamente, pero en diferentes lugares. Dos cruzadas de avivamiento separadas estaban llevándose a cabo en el mismo tiempo, esto daba lugar para comparaciones carnales. Los líderes judíos, quienes tenían problema con ambas reuniones de avivamiento, fueron los primeros en comprarlas. Ellos fueron a los discípulos de Juan con un mensaje con el que esperaban enfrentar a Juan contra Jesús.

«¿Están al tanto?», probablemente le preguntaban los líderes judíos a los discípulos de Juan, «¿que mientras el joven Juan bautiza públicamente, Jesús de Nazaret está teniendo sus propias reuniones de avivamiento? Aun más, sus discípulos están bautizando gente también. Algunos dicen que no necesitas el bautismo de Juan sino el de Jesús. Cuando escuchas el mensaje y ves que la gente está siento bautizada, te hace sentir que alguno se está copiando. Están replicando las reuniones de Juan. Con una gran diferencia: Jesús reúne mucha más gente que la que alguna vez reunió Juan».

«¿No se han dado cuenta?», los lideres judíos decían: «Las reuniones de Juan cada vez tienen menos convocatoria. La razón es simple. La gente se está desviando a las reuniones de Jesús. Se está comentando que las reuniones de Juan ya pasaron de moda. Es parte de la vieja escuela. Apuesto a que tu maestro no se dio cuenta de que al aprobar a Jesús, estaba firmando el certificado de defunción de su propio ministerio».

Esto que decían los judíos alarmó a los discípulos de Juan y se lo contaron directamente a su maestro.

> *«Aquéllos fueron a ver a Juan y le dijeron:*
> *—Rabí, fíjate, el que estaba contigo al otro lado del Jordán, y de quien tú diste testimonio, ahora está bautizando, y todos acuden a él»*
> *(Juan 3:26).*

Ellos estaban angustiados por disminución de personas que Juan tenía en sus reuniones. El equipo entero dependía de las donaciones y los regalos de los seguidores, y este nuevo desarrollo sin duda explicaba porqué ambas, concurrencias y ofrendas estaban en crisis. Los discípulos de Juan probablemente llevaban los libros y estaban dolorosamente al tanto del lado administrativo que el negocio del ministerio estaba en aprietos. ¿Qué tendría que decir Juan sobre Jesús y su creciente popularidad? Aquí está la respuesta de Juan.

«Nadie puede recibir nada a menos que Dios se lo conceda —les respondió Juan—. Ustedes me son testigos de que dije: "Yo no soy el Cristo, sino que he sido enviado delante de él". El que tiene a la novia es el novio. Pero el amigo del novio, que está a su lado y lo escucha, se llena de alegría cuando oye la voz del novio. Ésa es la alegría que me inunda. A él le toca crecer, y a mí menguar» (Juan 3:27-30).

Básicamente, Juan le estaba diciendo a sus discípulos: «Mi popularidad y el impacto de mis reuniones están menguando, y yo tengo más gozo que nunca a causa de esto. Por que Aquel a quien yo he mirado y esperado, finalmente ha venido, por eso mi gozo es completo. Él debe crecer, y yo debo menguar».

Los discípulos de Juan estaban preocupados por los decadentes números, pero Juan estaba imperturbable pues por su gozo era escuchar la voz del Novio. Para Juan, todo se trataba de un Hombre. Esto era algo personal.

CUANDO LA NOVIA OLVIDA TU NOMBRE

Cuando el Novio apareció, la Novia abandono al amigo (Juan el Bautista) y fue tras el Novio. En un sentido natural o humano, hubiera sido entendible si Juan hubiera estado un poco enojado con Jesús por eso.

«He vestido con pelos de camello por ti. He comido langostas por ti. Serví a tu Novia aun cuando ella no estaba segura de si te quería, pero volví su corazón a ti. Y ahora que finalmente estás aquí, ¿cuál es tu agradecimiento? No me has invitado a hablar ni a una de tus reuniones. Ahora que apareciste, la Novia se olvidó por completo de mí y fue tras de ti. No me siento muy apreciado en este momento».

Pero no fue esa la actitud de Juan. Su actitud fue esta: «La Novia olvidó mi nombre, y yo no podría estar mas feliz, porque el Novio está aquí».

Los verdaderos amigos del Novio que sirven a la Novia, saben que vendrá un día en el que ella olvidará sus nombres. Cuando Jesús regrese a la tierra, ella olvidará totalmente al amigo por el gozo de estar en brazos de su Novio. Imagino a la Novia rascándose la cabeza y diciendo: «Recuerdo a una persona, era el Pastor... mmm Pastor.. uh, Pastor... ¡Ah, olvídalo! Jesús, no recuerdo su nombre. Pero da igual porque tú ahora estás aquí conmigo».

En ese momento, cuando la Novia no le presta atención, el verdadero amigo dice: «Ella se ha olvidado por completo quién soy, ¡y ahora mi gozo está completo!».

Para Juan, fue algo personal desde principio a fin.

CAPÍTULO 4
NAVEGUEMOS
EN **DISMINUCIÓN**

Cuando Jesús apareció, la Novia estaba tan compenetrada con el Novio que se empezó a olvidar de Juan el Bautista. Se olvidó de cuán fiel y humildemente él le había servido. Era esencial que Jesús crezca ante sus ojos y para que eso suceda, Juan debía menguar. «A él le toca crecer, y a mí menguar» (Juan 3:30).

Juan sabía que su destino era menguar. A él le fue dada información divina sobre eso por adelantado, para que cuando el tiempo de disminuir empiece a suceder él estuviera preparado para cooperar redentoramente. Pero esto no significaba que sería fácil o que lo disfrutaría.

Aunque él sabía que el tiempo de menguar vendría, Juan el Bautista no sabía realmente cómo prepararse para esto, porque no sabía cómo sería. La disminución usualmente viene con un paquete que no esperamos. En el caso de Juan, tomó el inesperado lugar del encarcelamiento. La prisión trajo tanta angustia a su

alma que casi se ofende con Jesús por no librar-
lo de ella (ver Mateo 11:6). Lo que salvo a Juan
de ofenderse con Jesús fue su lealtad personal
para con él. Si hubieran sido negocios, Juan se
hubiera convertido en una víctima.

La disminución puede ser un terrible desafío
para navegar con gracia. Sin embargo, es una de
las dinámicas más experimentadas en nuestra
humanidad.

Virtualmente, todos experimentamos ambos períodos alternos de crecimiento y disminución a través de la vida. Como las mareas,
tendremos un tiempo en el que el crecimiento parece fluir en nosotros, pero solo para ser
sucedido por una marea menguante, de decrecimiento. La disminución es un ingrediente
esencial en los ciclos de vida saludable porque
el éxito continuo es perjudicial para la forma-
ción del carácter.

La disminución es seguida necesariamente
por el éxito porque sin ella no procesaríamos el
éxito de una manera sana.

Hay algo vertiginoso en «el impulso de la
metanfetamina». Se te puede subir a la cabeza.
Vemos los efectos, por ejemplo, en la vida de
Josué. Luego de cruzar el Jordán por un camino seco y luego de ver las paredes de Jericó
colapsar a sus pies, Josué sentía lo que podría
llamarse como «el impulso del ministerio».

Como resultado, no consultó a Dios sobre la batalla de Ai y sufrió una derrota porque se sentía muy capaz y seguro después de sus aciertos. Luego de haber finalmente conquistado Ai, una vez más no consultó a Dios sobre el embajador de Gabaón. Él cometió dos errores graves al juzgarlo porque, mientras estaba metido en la ola de éxito, perdió el rastro de su necesidad de consultar a Dios.

Para Dios era necesario disciplinar a Josué, para que pudiera aprender a administrar el éxito con madurez. ¿Qué forma tomó esa disciplina? En una palabra, menguar. Dios usó el menguar para restaurar la mansedumbre de Josué.

La mansedumbre es fruto de una respuesta apropiada al decrecimiento.

Vemos esto en la vida de Moisés. Cuando Moisés fue de sus 40 años de gloria en el palacio de Egipcio, a los 40 años de disminución en el desierto Madianita, esto lo preparó en mansedumbre para uno de sus más grandes encargos de liderazgo dado por Dios a un hombre. Considere cuán grande era la mansedumbre de Moisés. Cuando Dios le ofreció acabar con la nación de Israel y empezar desde el comienzo otra vez con él como único padre de la nación, Moisés fue capaz de negarse a la embriagadora oferta (ver Éxodo 32:9-14).

Coré tuvo la misma oferta a la que él diría: «Haz de acuerdo a tu palabra». Pero Moisés respondió en mansedumbre porque su carácter fue formado en el crisol del desierto.

JACOB SABÍA CÓMO REGATEAR

Jacob era otro hombre con quien Dios usaba el decrecimiento para producir mansedumbre.

Jacob era un hombre duro quien definitivamente tenía un ardiente anhelo por los negocios. Él robó el derecho de primogenitura y bendición de su hermano Esaú. Luego, se las arregló para conseguir la mayor parte de las ovejas y vacas de Labán. Él era un «chanchullero», sagaz e inteligente. Hacer dinero le salía naturalmente.

Dios no necesitaba que Jacob sea un padre que pudiera impartir sus habilidades de negocios a José. Él necesitaba que Jacob sea un padre que pueda impartir pasión por un caminar personal con Dios desde un corazón de mansedumbre.

De eso se trataba Peniel. En Peniel Dios se le apareció a Jacob y luchó con él toda la noche (Génesis 32:24-31). Al dislocarle su cadera (una forma intensa de disminución), Dios asestó un golpe mortal a ese espíritu de negocios en Jacob y lo reemplazó con un corazón de mansedumbre. Al cambiar su nombre de Jacob a Israel, Dios se tornó personal. Cuando Dios mutiló a

Jacob y cambio su nombre, esto lo hizo caminar con un Dios intensamente personal.

Jacob era un hombre que toda su vida usó su fuerza para empujar hacia delante las metas que tenía. Era un «pujante» hasta que le sacaron de lugar su cadera. Cuando Jacob recibió el golpe y se convirtió en un hombre cojo, perdió su poder de empuje. Dios rompió la fortaleza de Jacob para producir mansedumbre en su alma. A su vez, fue la fortaleza de la mansedumbre formada en él que habilitó al posterior precursor de jóvenes llamado José.

La generación de Jacob tuvo que ser reducida a una cojera antes de que pueda levantar una nueva generación, la generación de José.

EL MENGUAR LO HIZO PERSONAL

Jacob experimentó varios momentos de disminución en su vida. Para el tiempo que Jacob había terminado de bajar de la montaña rusa, su caminar con Dios se había convertido en algo vibrantemente personal.

Son los tiempos de disminución los que hacen que las cosas sean personales.

Para ver esto ocurrir en la vida de Jacob, nuestro foco pasa a los años postreros de su vida. Los últimos diecisiete años de Jacob fueron en prosperidad y bendición, pero inmediatamente antes de ese gran final tuvo veintidós agotadores años de disminución y esterilidad espiritual. No sabemos nada sobre esos veintidós largos años en la vida de Jacob porque el relato de Génesis está completamente enfocado en contar la historia de José.

Pasaron veintidós años desde que José fue apartado de su padre hasta que regresó a él.

Durante esos largos y silenciosos años, Jacob se habrá preguntado: «Dios, ¿qué está pasando entre tú y yo? ¿Qué piensas cuando me miras? ¿Por qué mis años se consumen con incesante dolor?».

Al final de esos veintidós años, justo antes de su liberación, Jacob entró en la crisis más grande de su vida. Su casa pasaba hambre. Su hijo Simeón había sido apresado en Egipto, y quien lo había apresado ahora buscaba a Benjamín. Él había perdido a José y Simeón, y estaba por perder también a Benjamín, sin mencionar que estaba perdiendo la capacidad de proveer a la casa contra la gran hambruna. Hasta Dios parecía estar contra él.

Ya sabemos cómo terminó la historia. Jacob recuperó a todos sus hijos, y fue llevado a Egipto, donde había suficiente provisiones para ellos durante la hambruna. Jacob vivió sus últimos diecisiete años de vida en honor y bendición.

Cuando Dios restauró la fortuna de Jacob y lo estableció en prosperidad, Jacob se lo tomó como un tema personal. Lo sabemos por cómo lo expresó él mismo. Al final de su vida, al dirigirse a sus hijos, hizo una declaración que los dejó atónitos. Y la podemos ver en el siguiente texto:

> *«José es un retoño fértil, fértil retoño junto al agua, cuyas ramas trepan por el muro. Los arqueros lo atacaron sin piedad; le tiraron flechas, lo hostigaron. Pero su arco se mantuvo firme, <u>porque sus brazos son fuertes. ¡Gracias al Dios fuerte de Jacob,</u> al Pastor y Roca de Israel! ¡Gracias al Dios de tu padre, que te ayuda! ¡Gracias al Todopoderoso, que te bendice! ¡Con bendiciones de lo alto! ¡Con bendiciones del abismo! ¡Con bendiciones de los pechos y del seno materno!»*
> (Génesis 49:22-25).

La impresionante declaración que quiero que noten está subrayada arriba: «porque sus brazos son fuertes. ¡Gracias al Dios fuerte de Jacob».

Este es Jacob llamando a Dios como «El Dios fuerte de Jacob». Esto sería como si le dijera a mi hijo: «Déjame hablarte sobre el fuerte Dios de Bob».

Jacob estaba diciendo: «Él es *mi* Dios. Él me mostró que mi relación con él es personal. Supe que lo era cuando trajo a José hacia mí otra vez.

Ahora sé que soy de él y que él es mío».

Yo quiero lo que Jacob tocó. Quiero que sea tan personal que pueda encomendar a mis hijos al «Dios de Bob».

CAPÍTULO 5
MERCENARIOS Y
COMERCIANTES

Todos queremos creer que servimos a Jesús por motivos y razones personales, y aun así es tan fácil deslizarnos a comercializar al ministerio al cual fuimos llamados. Cuando estamos promocionando el ministerio Nos convencemos de que solo es para la gloria de Dios, pero es en ese momento cuando las líneas de nuestra motivación empiezan a ser borrosas. Aquellos que se enfocan en el trabajo ministerial con una cabeza de negocios peligran en sucumbir a un espíritu mercenario.

> *«El asalariado no es el pastor, y a él no le pertenecen las ovejas. Cuando ve que el lobo se acerca, abandona las ovejas y huye; entonces el lobo ataca al rebaño y lo dispersa. Y ese hombre huye porque, siendo asalariado, no le importan las ovejas»* (Juan 10:12-13).

Un mercenario es alguien que se ocupa de la manada porque lo que a él le interesa es el dinero. Es un trabajo. Él fue contratado para una tarea específica y le pagan apropiadamente por su tiempo y labor.

Para el pastor en cambio, la manada es un asunto personal. Su vida entera está envuelta en el bienestar de la manada. Cualquier impacto que reciba la manada, lo impacta directamente a él.

Aquí hay una pregunta que es digna de hacerse: ¿Soy un mercenario o un pastor de ovejas? ¿Sirvo a la manada de Cristo porque recibo una paga o porque el bienestar de la manada es todo por lo cual yo vivo?

Una manera de saberlo es evaluando tu respuesta cuando un predador asalta la manada. Un pastor se queda cerca de ella hasta que el peligro pasa, el mercenario se retira.

Cuando atacaban a la manada, el verdadero corazón de David como pastor se manifestó. Un día, un león se acercó para devorar una de sus ovejas (1 Samuel 17:34-36). David probablemente estaba pensando: «¡Ese cordero que tienes en tu boca es de mi padre! Te llevarás ese cordero sobre mi cadáver!». David sacó el cordero de la boca del león, luego tomó al león de sus barbas y lo mató. Él expuso literalmente su vida para salvar a la oveja.

Un mercenario nunca hubiera hecho algo así. Hubiera respondido: «No me pagan para matar leones». Un mercenario hubiera dejado que el león tomara el cordero y luego le hubiera dicho al pastor: «Antes de poder hacer nada, el león escapó con el cordero». Sin embargo, mentalmente estaría pensando: «Vas a tener que pagarme mucho más si quieres que me pelee con los leones».

Hay espíritus mercenarios en las iglesias de hoy. Es un espíritu que mira a un área en necesidad y dice: «Ese no es mi trabajo, no me pagan por hacer eso». Es un espíritu que dice: «Si quieren que haga esto, me deberán pagar». Es un espíritu que dice: «Me puedes tener si estás dispuesto a pagar más que la otra iglesia». En otras palabras, para él no es algo personal, son negocios.

TRANFORMAR EL MINISTERIO EN UN NEGOCIO

La Biblia nos advierte acerca de la vida de muchas personas que sufren una gran perdida porque dejaron que la mentalidad de negocios se infiltrara en su obediencia a Dios.

Guiezi (2 Reyes 5). Guiezi era el sirviente de Eliseo quien vio una oportunidad de enriquecerse como resultado de la sanidad de Naamán. Por su codicia, la lepra de la cual Naamán fue sanado vino sobre él, y fue leproso hasta el día de su muerte.

Ananías y Safira (Hechos 5). Ananías y Safira nunca fueron libres de su amor al dinero, y al final, esa lealtad fue más fuerte que su lealtad personal hacia Cristo. Ellos trataron de usar sus bienes materiales para ganar el favor de los apóstoles y la iglesia, y el Espíritu Santo los mató como señal a la iglesia.

Judas Iscariote (Juan 12:4-8). Judas Iscariote había escuchado la enseñanza de Jesús: «No se puede servir a la vez a Dios y a las riquezas» (Mateo 6:24b), pero por alguna razón el mensaje nunca llegó a su corazón. Empezando con que Jesús nunca se convirtió en algo personal para él. Todo era negocio, desde el comienzo. Judas estaba en una búsqueda por un ascenso personal. Consecuentemente, él luchó por tres años por dar su corazón en lealtad personal a Jesús. Al continuar honrando el dios del dinero (Seguramente él robaría de la bolsa de dinero de Jesús, Juan 12:6), ese negocio lo consumió y lo llevó a su muerte (Hechos 1:18)

Balán (Números 22-24). Balán quería maldecir a Israel porque sabía que Balac le daría un gran honorario por hacerlo. Sin embargo, Dios resistió a Balán, y solo le dejaría bendecir a Israel. Al final, como cualquier buen hombre de negocios, Balán encontró una manera de ser remunerado. Le dijo a Balac que aunque él no podía maldecir a Israel, había una manera en la que Israel podría maldecirse a ella misma. Todo lo que Balac tenía que hacer era, de acuerdo con Balán, enviar a su joven mujer al campo israelita a seducir a los israelitas en sexualidad inmoral (ver Apocalipsis 2:14). Balán sabía que la fornicación causaría que los israelitas fueran por el camino donde él no podía llevarlos. Balac le recompensó generosamente por el consejo.

Miqueas hablo de profetas ministrados primeramente por la remuneración:

> *«Esto es lo que dice el Señor contra ustedes, profetas que descarrían mi pueblo: "Con el estómago lleno, invitan a la paz; con el vientre vacío, declaran la guerra. [...] Sus gobernantes juzgan por soborno, sus sacerdotes instruyen por paga, y sus profetas predicen por dinero; para colmo, se apoyan en el Señor, diciendo: «¿No está el Señor entre nosotros? ¡No vendrá sobre nosotros ningún mal!»* (Miqueas 3:5, 11)

En los tiempos de Jesús, para los fariseos, el trabajo ministerial se trataba especialmente del perfil del ministerio, reconocimiento del nombre, honor humano, dinero, y auto-preservación. Jesús advirtió a sus discípulos sobre la levadura de los fariseos porque él sabía que todos nosotros tenemos el potencial de caer en la misma trampa.

JESÚS EXPULSA AL HOMBRE DE NEGOCIOS

Un espíritu mercenario había tomado el templo en los tiempos de Jesús. Comerciantes habían establecido negocios en los terrenos del templo. El negocio estaba activo.

Es Juan quien nos cuenta que Jesús visitó la casa de oración de su Padre con un látigo en su mano.

> *«Cuando se aproximaba la Pascua de los judíos, subió Jesús a Jerusalén. Y en el templo halló a los que vendían bueyes, ovejas y palomas, e instalados en sus mesas a los que cambiaban dinero. Entonces, haciendo un látigo de cuerdas, echó a todos del templo, juntamente con sus ovejas y sus bueyes; regó por el suelo las monedas de los que cambiaban dinero y derribó sus mesas. A los que vendían las palomas les dijo: —¡Saquen esto de aquí! ¿Cómo se atreven a convertir la casa de mi Padre en un mercado? Sus discípulos se acordaron de que está escrito: «El celo por tu casa me consumirá»* (Juan 2:13-17)

Jesús limpia la casa de oración por segunda vez, al final de su ministerio terrenal. Ningún látigo es mencionado la segunda vez, pero demuestra el mismo fervor violento. Aquí está el relato de Marcos:

> *«Llegaron, pues, a Jerusalén. Jesús entró en el templo y comenzó a echar de allí a los que compraban y vendían. Volcó las mesas de los que cambiaban dinero y los puestos de los que vendían palomas, y no permitía que nadie atravesara el templo llevando mercancías. También les enseñaba con estas palabras: «¿No está escrito: "Mi casa será llamada casa de oración para todas las naciones"? Pero ustedes la han convertido en cueva de ladrones»* (Marcos 11:15-17).

Esto es lo que pasaba. Muchos de los visitantes que iban a Jerusalén durante las fiestas, viajaban largas distancias, y era pesado para ellos cargar animales para sacrificar. El Señor les dio otra alternativa. Podrían vender su cordero cerca de su casa, llevar el dinero con ellos y comprar un cordero en Jerusalén para ofrendarle a Dios. Así, muchos adoradores llegaron a Jerusalén ansiosos por comprar un cordero o un par de palomas con el dinero que habían llevado.

Otro grupo ansioso también estaba esperando a esos que vendían palomas y animales para sacrificio. Los viajeros con dinero de otra nación primero tenían que cambiar la moneda con personas del lugar. Las tasas de cambio subían mucho durante épocas de fiestas religiosas. Luego los peregrinos tenían pocos recursos para comprar corderos y palomas con las tasas vigentes en Jerusalén. Aquellos que vendían palomas habían llegado a un sistema de precios que les aseguraba grandes ganancias, y los peregrinos debían pagaban altos precios o no tenían sacrificios para ofrecer. Los mercaderes locales se aprovechaban de la vulnerabilidad de los visitantes de Jerusalén.

A causa de los precios inflados por los comerciantes, Jesús llamó «Cueva de ladrones» a todo el espacio comercial montado en torno a las fiestas. ¡Y todo esto pasaba en los terrenos del templo!

Había fuego en los ojos de Jesús cuando pasaba y miraba las mesas de los que cambiaban la moneda y los lugares de aquellos que vendían las palomas. Todos vieron algo en la severidad de su rostro que causó que se agiten. En el calor del momento, imagino a los mercantes intentando decir algo como: «Bueno, no es para tanto. Tranquilízate. Digo, ¿no estás sobre reaccionando un poco? Estás actuando como si esto fuera algo personal. No hay nada personal aquí, Dios. Son puros negocios». Me imagino a Jesús respondiendo a ese comentario así: «Cuando te aprovechas de mi Novia y explotas su vulnerabilidad, para mí no son negocios, es algo personal».

SEREMOS JUZGADOS INDIVIDUALMENTE

Los mercaderes vieron fuego en los ojos de Jesús cuando pasó por el templo. Y el Día vendrá cuando tú y yo veremos esa misma mirada de fuego en sus ojos. Deberíamos hacer las cosas bien para estar preparados para ese momento.

Tu comparecencia ante Cristo en el Día del Juicio será un encuentro muy personal entre tú y él. Cuando tus ojos miren los suyos, lo único importante en el universo en ese momento, serán las palabras que salgan de su boca. La gran pregunta es: ¿Declarará él que tiene una relación personal contigo?

> «*No todo el que me dice: "Señor, Señor", entrará en el reino de los cielos, sino sólo el que hace la voluntad de mi Padre que está en el cielo. Muchos me dirán en aquel día: "Señor, Señor, ¿no profetizamos en tu nombre, y en tu nombre expulsamos demonios e hicimos muchos milagros?" Entonces les diré claramente: "Jamás los conocí. ¡Aléjense de mí, hacedores de maldad!"*» (Mateo 7:21-23).

En ese día, no importará mucho cuán personal pensabas que era tu conexión con Cristo. Puedes decirle: «Señor, Señor», pero lo importante no será si era algo personal para ti, lo importante será si era algo importante para él. ¿Te conocía? ¿Era tu proximidad lo suficientemente cercana como para que él te conozca?

Si mantuvieras esta relación con Jesús únicamente por negocios, en ese Día lo tendrás muy claro.

Cuando Jesús habló acerca de cómo iba a juzgar a las naciones cuando regrese, él usó un lenguaje muy personal. A los santos dirá: «Les aseguro que todo lo que hicieron por uno de mis hermanos, aun por el más pequeño, lo hicieron por mí» (Mateo 25:40). En otras palabras, Jesús dirá al justo: «Cuando sirves a uno de mis hermanos, lo tomo como algo personal».

Y al malvado dirá: «Cuando no serviste a mi hermano, lo tomé como algo personal». Fue a mí a quien descuidaste (Parafraseo de Mateo 25:45).

¿Estás listo para un encuentro profundamente personal, individual, cara a cara con Jesús? Él ya tiene reservada esta cita en su calendario.

CAPÍTULO 6
SUMEMOS **PUNTOS**
CON LA **NOVIA**

Una de las cosas que Jesús juzgará en los últimos días será cómo sus amigos se comportaron en torno a su Novia. Esto es muy importante para Jesús, incluso hoy. Él está pensando: «¿La estás ayudando de una forma que te ayuda a ti o que me ayuda a mí?

Una de las preguntas más profundas que él me hizo fue la siguiente: «Luego de que ella pase una tarde contigo, ¿mi Novia saldrá de la reunión hablando de ti o de mí?».

Soy el primero en admitir que en varias oportunidades intenté sumar puntos con la Novia. Mi alma tiene cierta tendencia a deleitarse en sus elogios y aprobaciones. Si me permito nutrirme de sus alabanzas, luego debo modificar mi conducta en torno a ella para obtener más de eso. Entonces, en vez de decirle lo que ella *necesita* oír, le digo lo que *quiere* oír.

Es imposible ser una voz profética para la Novia y al mismo tiempo buscar su aprobación y apreciación.

PREDIQUEMOS EL EVANGELIO PERO PROCLAMÁNDOTE A TI MISMO

Pablo una vez dijo: «No nos predicamos a nosotros mismos sino a Jesucristo como Señor» (2 Corintios 4:5). Descubrí que es posible predicar de Cristo y proclamarse uno mismo. Lo que quiero decir es que es posible usar las palabras adecuadas —«¡Es solo para tu gloria, Dios!»— hablar de Jesús y de cosas que suenan teológicamente correctas, pero que conducen a llevar la atención únicamente a usted mismo. Si presenta el mensaje de determinada forma, la Novia se impresionará de su capacidad intelectual, de su domino del lenguaje, de su coherencia en los pensamientos, de la efectividad en su habilidad de comunicar, y de su habilidad para presentar un mensaje que deje a todos impresionados. Entonces ella se va de la reunión diciendo: «¡Ese sermón fue una pieza maestra!».

Es posible cantar sobre Jesús y proclamarse a uno mismo. Su canción tiene las palabras indicadas y se refiere a Jesús de principio a fin, pero para cuando la haya terminado de cantar, la Novia estará hablando sobre usted. «¡Qué voz! ¡Qué unción! ¡Su pasión llega con tanta efectividad! Gran selección de canciones, me encanta el ritmo de la música. Espero encontrar esa canción en un CD.

Muchas veces oré diciendo: «Señor Jesús, ten misericordia de mí y líbrame de esta tendencia de presentarme ante la Novia de tal forma que se dé cuenta de mi presencia y mi servicio hacia ella. Luego de pasar una tarde con tu Novia, no quiero que mi nombre sea el que ella tenga en sus labios. ¡Quiero que ella hable de ti! ¡Ayúdame Jesús a ser un amigo leal para ti!».

Un amigo leal siempre está atento de no tener nada de la Novia que le pertenece al dominio del Novio (los afectos y admiración).

EL ROMANCE DIVINO

Jesús les encargó a sus amigos servir a su Novia hasta que él venga para la boda. El trabajo del amigo es servir en sus necesidades, equiparla y prepararla para el día de la boda, y ayudarla a guardar su corazón hasta que el Novio regrese. El amigo representa los líderes designados por Dios en el Cuerpo de Cristo y su rol ministerial para con la Novia.

Ahora, hay cierta química entre Jesús y su Novia. Su relación no es ni remotamente sexual por naturaleza, pero ciertamente es afectuosa y pasional. Llamémoslo magnetismo, electricidad, chispas, química. Cualquiera sea la palabra correcta, la Novia definitivamente tiene «algo» por el Novio, y viceversa. ¡Ambos están locamente enamorados!

Esta es una dinámica que no existe entre Jesús y los ángeles. Ellos aman al Hijo de Dios, pero no con el mismo íntimo romanticismo. No comparten la nostalgia de la Novia ni son beneficiarios de los deseos del Novio. Los ángeles miran y se quedan perplejos. Un ángel le pregunta a otro:

—¿Qué es lo que pasa con la Novia y el Novio? ¿Qué le ve él a ella?

El otro ángel responde:

—Sé a lo que te refieres. Tampoco lo entiendo. ¿Seré yo o es que todo esto es algo irracional?

—No estoy seguro —contesta el primer ángel—. Preguntémosle a Gabriel, quizás sabe algo más que nosotros.

Así que los dos van a ver Gabriel y le preguntan:

—Gabriel, ¿puedes ayudarnos a entender el encanto entre el Novio y la Novia? ¿Cuál es la atracción? ¿Por qué Jesús está tan enamorado de ella?

—No tengo ni idea —responde Gabriel—. Estoy tan desorientado como ustedes. Pero sospecho que ese magnetismo que los une es algo más grande que lo que nunca imaginamos.

Como amigo del Novio, esto es lo que pastores, adoradores, maestros y líderes de grupos hacen: Entran en el campo de fuerza que existe entre la Novia y el Novio y buscan servirlo. Intentan avivar la llama del amor. La Novia es una amante inmadura, y necesita ayuda y entrenamiento para descubrir cómo entregar su corazón en obediencia a Dios. Al exhortarla, ella de a poco aprende cómo entregar su corazón más perfectamente a su amado.

El amigo ingresa en la relación amorosa que el Rey del universo tiene con su Novia, e intenta ayudar de cerca. ¡Qué descaro! ¡Algo aterrador!

LA NOVIA SE COMUNICA CON EL AMIGO

Cuando eres especialmente habilidoso en facilitar el intercambio de amor, la Novia lo nota. Ella mira a su amigo y le dice: «¡Caramba, eres bueno! Eres habilidoso para presentar al Novio. Me gusta cuando diriges».

Cuando la Novia empieza a colmarlo de atenciones, es fuerte y estimulante. Ella es extremadamente atractiva, y tiene mucho amor para dar. Usualmente dirige sus afectos a su Novio; pero cuando advierte al amigo, puede ser extremadamente embriagador.

«¡Amamos esta iglesia, Pastor!», dice ella. «No vamos a decir nada de la iglesia que dejamos, pero alcanza con contarle que desde que venimos a esta congregación parece que salimos de una larga y oscura cueva. Pastor,

de la forma que usted predica, es muy fácil
de entender y es tan importante para nuestras
vidas. Hasta nuestros hijos disfrutan de venir a
la iglesia. ¡Se entristecen cuando no podemos
llegar! Venir a esta iglesia es lo mejor que nos
pasó. Por primera vez en nuestra vida senti-
mos que tenemos un Pastor. ¡Gracias por ser
simplemente *usted*!».

La Novia también tiene su manera de afir-
mar a los líderes de alabanza.

«¡Amo la canción que escribiste!», dice con
entusiasmo. «Realmente expresa lo que el Espíritu le dice a la iglesia en este momento. Y
me encanta el arreglo de acordes también. Estoy agradecida a Dios por los otros líderes de
la alabanza en nuestra iglesia, pero mi corazón
se conmueve cuando veo que es su turno de liderar. No le diría esto a otra persona, pero eres
realmente nuestro adorador preferido».

En verdad no hay un área de servicio o de
liderazgo que esté exenta de alabanzas efusivas
de la Novia.

«Estoy tan agradecido por tu ministerio con
los jóvenes en esta iglesia», ella le dice al líder
de jóvenes. «Nos preocupa mucho el bienestar
espiritual de nuestros dos hijos adolescentes y
rogamos a Dios por una respuesta. Cuando él
los guió a tu grupo de jóvenes, fue una respuesta del cielo. Ahora están apasionados por Dios,

y es por la unción en tu vida y por la forma en que te preocupas. Ni siquiera estoy segura de que el Pastor sepa esto, pero ¡tú eres la razón por la cual estamos en esta iglesia ahora!».

La novia inevitablemente pondrá su máxima atención en el amigo del Novio. Es ineludible. Ella no trata de sumar puntos con el amigo, solo es agradecida. Pero cuando esto ocurre, el Novio observa atentamente cómo su amigo maneja la situación. Mira aquello que pasa en el interior del corazón del amigo cuando la Novia vuelve sus afectos hacia él. ¿Empezará él a coquetear con la Novia?

UN TROVADOR HIPERACTIVO

El amigo del Novio es como un trovador. Somos trovadores, facilitadores del amor. Servimos a la relación amorosa entre Jesús y su Novia para que este vínculo crezca, madure y sea completo.

Un trovador, por definición, es un músico y/o cantante que usa su arte para infundir vocabulario y pasión en el lenguaje del amor. Él extiende amor con sus letras y melodías.

El siguiente escenario es casi hasta absurdo para imaginar. Pero imaginen llevar a su novia a un restaurant para una cena romántica juntos. Está tratando de ganar su corazón. Luego de sentarse está alegremente sorprendido al descubrir que el restaurant ha contratado un músico guitarrista de jazz para tocar música romántica para las personas que estén allí comiendo. «Esto es perfecto», piensa. «Música en vivo. No podría ser más romántico. ¡Se va a derretir!».

El trovador se da cuenta que usted está ahí con su hermosa cita, y suavemente se dirige a su mesa. Entonces usted piensa: «¡Excelente! Canciones románticas personalizadas». Al tocar, usted fija sus ojos en los de su amada, su voz se pone suave, y sus corazones se enternecen.

Luego, el trovador se acerca un poco más. La guitarra ya no es un sonido de fondo, es ahora frontal y central. Empieza a cantar más alto de lo que a usted le gustaría. Le pide a su novia que repita lo que acaba de decir porque no pudo escucharla ya que la música estaba muy fuerte.

Pero la música se acerca aun más, y el volumen está cada vez más alto. Ahora, en vez de sentir que la música está ayudando en el ambiente romántico con su cita, siente que se distrae la posibilidad de disfrutarse el uno al otro. Su novia trata de seguir la conversación, pero no puede evitar distraerse con el trovador.

Cuando el trovador capta su mirada, se acerca un paso más. ¡Ahora ya está tocando sobre su mesa! Ya no canta para los dos, solo canta para su novia. Ella vuelve a mirarlo a usted, pero cuando lo hace el trovador toca un acorde muy fuerte en su guitarra, y su novia vuelve a mirar al trovador.

Entonces mientras está ahí sentado piensa: «¡Este tipo está coqueteando con mi novia, en mi presencia, en medio de nuestra noche especial!».

El trovador se convirtió en un rival.

Parece absurdo imaginar al trovador coqueteando con la novia en la presencia de su chico. Pero muchos de nosotros lo hacemos. Nos llamamos «el amigo del Novio», pero luego empezamos a llamar la atención de la Novia en la presencia del mismo Novio.

Cuando el amigo del Novio empieza a coquetear con la Novia, ya no es más el amigo del Novio, se transforma en un competidor.

CAPÍTULO 7
EUNUCOS
ESPIRITUALES

Lo último que queremos es convertirnos en competidores de Jesús. Y Jesús tiene un sentimiento similar. Lo último que Jesús quiere es que sus amigos entren en un rol de adversarios porque se han conducido inapropiadamente en la presencia de su Novia.

Jesús está dispuesto a hacer lo que sea para preservar la integridad de sus amigos, para que ellos no intenten establecer una relación personal con la Novia. Para ayudarlos a perseverar su integridad con la Novia, Jesús hará eunucos a sus amigos. Él nos hará eunucos espirituales para que sirvamos a la Novia como sus verdaderos amigos.

Quiero explicarle a qué me refiero con «eunucos espirituales», y para ello necesito revelar cómo los eunucos eran usados por la realeza en los tiempos antiguos.

EL ROL DEL EUNUCO

El libro de Hechos cuenta una fascinante historia sobre un hombre que sirvió a la reina de Etiopia en sus tribunales como un eunuco. Él viajaba de regreso de un peregrinaje a Jerusalén hacia Etiopia, y no comprendía sus lecturas en Isaías acerca del Mesías. Para ayudarlo a entender, el Espíritu de Dios envió a Felipe, para que pudiera enseñarle cómo Jesús completó las profecías de Isaías.

Se nos es dicho que este hombre era «un etíope eunuco, alto funcionario encargado de todo el tesoro de Candace, reina de los etíopes» (Hechos 8:27). Entonces surge la pregunta: «¿Por qué una reina encargaría todo su tesoro a un *eunuco*?».

La respuesta la encontramos al analizar la naturaleza de la relación entre la reina y su tesorero. La reina necesitaría alguien que sea brillante y competente para que le sirva como tesorero nacional, y necesitaría comunicarse con esa persona de una manera muy personal y privada. Asumiendo que Candace tenía a su esposo que le diría: «Quien sea que trabaje contigo como jefe de tesorería, va a estar muy cercano a ti, y necesito asegurarme que no tratará nada inapropiado contigo. Por lo tanto, quien sea que elijas deberá ser un eunuco».

Así que en el caso de Candace, ella usaba eunucos en roles esenciales de liderazgo, para que no interfieran en la relación con su esposo.

Los eunucos no solo eran usados por las reinas, sino también por lo reyes. Era común en el tiempo antiguo que los reyes hicieran eunucos a los hombres por la fuerza para luego llevarlos a las cortes para que le sirvan. Por ejemplo, parece que esto fue lo que quiso hacer Nabucodonosor con Daniel y sus tres amigos, Mesac, Sadrac y Abednego (Daniel 1:7). «¿Por qué un rey quiere eunucos en su corte?», podría preguntar. Básicamente por la misma razón que Candace tenía eunucos alrededor de ella. Un rey tendría eunucos a su alrededor por su novia. Cuando ya eran eunucos, estos hombres podían ser de confianza en la presencia de la reina.

Los reyes de la antigüedad tenían a menudo la elección de las doncellas más deseable en su tierra. La novia escogida por el rey era una impactante belleza, que era un extra para el rey. Pero había una faceta negativa en su belleza: ¿A quién le tendría el rey la confianza necesaria como para que estuviera cerca de ella? Si tuviera la oportunidad, ¿Intentaría un príncipe del reino coquetear con su novia? Seguramente que sí. Por eso el rey era exigente, sobre todo con aquellos a quienes les confiaba el cuidado de su novia. No todos podían tener en su poder un pase de «Libre Acceso».

La solución era simplemente esta: Encomendarla al cuidado de los eunucos. Ellos eran fuertes, protectores, capaces e inteligentes. Y además confiables. Son una compañía segura para la novia.

¿Por qué un eunuco era una compañía segura

---

1. En una ocasión, luego de haber hablado de eunucos espirituales en una reunión, uno de los líderes me dijo: «Eso no es circuncisión, ¡eso es castración!».

Contemplando la ramificación de la castración, me recuerdan algo que mi amigo Jeff Ell dijo que llamó mi atención durante una de mis visitas. Él dijo: «Advertí que hay un solo animal que es usado en el Nuevo Testamento para señalar cualquier tipo de simbolismo en referencia a la naturaleza de un ministro del Nuevo Testamento». Mencionó al buey, el cual es citado en 1 Corintios 9:9 y 1 Timoteo 5:18, donde Pablo cita el Antiguo Testamento: «No le pongas bozal al buey mientras esté trillando».

Entonces Jeff me preguntó: «¿Sabes qué es un buey?». Mi respuesta fue que creía que eran una raza única de ganado. Pero estaba equivocado.

Un buey no es una especie distinta de la vaca, sino que es de la misma especie general. Un buey es simplemente un toro castrado y viejo. En su juventud, un toro castrado es llamado novillo; cuando pasa los 3 años de edad, es llamado buey.

Un toro puede ser un animal peligroso. No solo es pesado y fuerte, sino que suele ser temperamental y malo, fácil de irritar, muy territorial y bastante letal (Salmo 22:12).

Un toro es útil para hacer un deporte como el rodeo porque es independiente, seguro de su naturaleza. Sin embargo, no va a entrenar un toro y luego encadenarlo a un yugo. Si quiere que el toro sea útil para el trabajo de agricultura, lo tendrá que castrar.

Una vez castrado y maduro, el buey es altamente valuado para un granjero. Los toros son fuertes, trabajadores, enseñables, dóciles y capaces de soportar largas horas de trabajo por día.

Los toros ya no son tan importantes en las granjas americanas. Su rol fue suplantado por equipos poderosos. Pero recuerdo haber visto algunos en el campo cuando visité Vietnam. En algunas naciones del planeta, los toros son usados para arar la tierra y empujar pesos pesados.

La iglesia es llamada «el campo de cultivo de Dios» (1 Corintios 3:9). Aun como un granjero utiliza a esos toros para preparar su tierra para la cosecha, Dios prepara su cosecha usando siervos para la novia? Porque el eunuco había cortado de su vida el mecanismo que causaría que desee a la novia para él mismo.

Un eunuco era libre para servir a la novia sin quererla a ella o a nada de lo que ella pudiera ofrecer.

Un eunuco recibía todo lo que necesitaba del rey. Le proveía de comida, bebida, ropa, y salario. La novia no podía darle nada que él ya no tuviera. Así que el eunuco no trataba de obtener nada de la novia. Estaba apto para servirla en total libertad sin necesitar buscar nada a cambio.

UN EUNUCO LLAMADO JEGAI

La naturaleza de la relación entre la novia y el eunuco es ejemplificada en este verso del libro de Ester:

> *«Cuando a Ester, la joven que Mardoqueo había adoptado y que era hija de su tío Abijaíl, le llegó el turno de presentarse ante el rey, ella no pidió nada fuera de lo sugerido*

---

cuyas fuerzas han sido domesticadas y entrenadas para cumplir muchas cosas para el Reino de Dios.

¡Cuán fascinante es que Dios caracterizara a los líderes del Nuevo Pacto como bueyes! Algo en ellos les fue cortado, haciéndolos útiles para servir al Maestro.

Lo encuentro igualmente fascinante cuando Ezequiel tuvo su visión de las cuatro criaturas vivientes que rodeaban el trono de Dios. Él dijo que cada una tenía cuatro rostros. Cada una tenía el rostro de un hombre, un león, un águila y un toro (Ezequiel 1:10). Que tengan la cara de un toro habla de la increíble fuerza traída bajo el poder de la mansedumbre para ser útil como sirvientes del Altísimo.

por Jegay, el eunuco encargado del harén del
rey. Para entonces, ella se había ganado la
simpatía de todo el que la veía» (Ester 2:15).

Asuero, rey de Persia, había señalado a Jegai,
el eunuco, para que sirviera a su novia. Sabía
que podía confiar en él para servir a Ester fiel-
mente sin violarla en ningún sentido.

Esto significaba que Jegai calificaba para
servir a Ester en una manera más personal e
íntima. Le haría manicuría o pedicuría. Aca-
riciaría con sus manos su cabello para hacerle
un peinado. Le haría una limpieza de cutis. La
ayudaría a que el vestido le quede bien. Le pon-
dría lociones especiales de la fragancia correcta.
Cualquiera haya sido el rol de Jegai en su preparación, podía hacerlo sin fantasear o tocarla
inapropiadamente.

En esta alegoría viviente, Asuero representa el Altísimo Rey del cielo. Ester representa la
Novia de Cristo. Y Jegai representa los líderes
en el cuerpo de Cristo que se han hecho eunucos espirituales con el fin de preparar a la Novia.

UN EUNUCO ES UNA COMPAÑÍA
SEGURA PARA LA NOVIA

El gran Rey de gloria se está preparando para
casarse con la más linda de las Novias. En este
momento, ella se está alistando, recibiendo tra-
tamientos de belleza y siendo arreglada para el

Rey. Para que ella esté lista, el Rey está escogiendo eunucos que le sirvan y la ayuden en esta preparación. Ellos son los líderes del cuerpo de Cristo quienes quitaron de su vida el mecanismo dentro de su alma que causaría que ellos quisieran el afecto de la Novia para ellos mismos.

¿Cómo forma Dios eunucos espirituales? Él redentoramente usa la «cuchilla filosa» de las circunstancias difíciles para hacer un trabajo tan quirúrgico en la vida de sus siervos, que las motivaciones y cuestiones muy profundas del corazón son transformadas. Para cuando la cuchilla terminó su trabajo, los siervos buscan solo el honor de Dios (Juan 5:44).

Luego, cuando la Novia derrocha su atención a un líder eunuco, eso no tiene poder sobre el eunuco. Sus alabanzas tienen tanto efecto sobre el corazón del líder eunuco como un imán sobre una fruta. No hay sustancia metálica dentro del corazón del líder eunuco donde el magnetismo de su atención pueda arraigarse.

Sin embargo, si el Rey tiene un líder que no ha pasado por la cuchilla, cuando el magnetismo de atención de la Novia atentc contra él o ella, algo adentro del líder será atraído hacia ella. Cuando un líder disfruta y se alimenta del honor de la Novia, algo dentro de ese líder hace que empiece a coquetear con la Novia.

Si empezamos a cultivar una atracción con la Novia, hemos dejado de ser amigos del Novio y nos transformamos en sus adversarios.

A Jesús le importa tanto su amigo que él lo resguardará de esta trampa. ¿Cómo? Haciéndolos eunucos espirituales para que sean de sana compañía alrededor de su Novia.

Amo la oración de Jabes la cual se ha hecho muy popular últimamente: «Bendíceme y ensancha mi territorio» (1 Crónicas 4:10). Es una oración magnífica cuando es expresada por un espíritu correcto. Pero cuando es orada por alguien que ha estado cortejando el favor de la Novia, puedo escuchar la respuesta del Rey al decir: «Violaste mi territorio al relacionaste con mi Novia de esa forma. Usaste lo que te di para promover tu perfil y popularidad con ella. No puedo confiar en lo que tienes ahora, ¿por qué te he de dar más?».

LA UTILIDAD DE LOS EUNUCOS

Hay una clase de espléndida lealtad a Jesús que se relaciona con su Novia con absoluta integridad y temeroso honor. Los eunucos —verdaderos amigos del Novio— están formados en una gran lealtad a Jesús y son cautelosos en su relación con la Novia. Una razón por la cual esto es tan importante es porque el poder está por ser desatado en la iglesia de los últimos tiempos. Los días más gloriosos de la iglesia están justo ante nosotros. Dios establecerá su morada sobre su pueblo. Los servicios de adoración serán combustible explosivo. Milagros y sanidades serán científicamente comprobados y observados por todos. La gente viajará largas distancias, y las reuniones se harán en grandes estadios, auditorios y anfiteatros al aire libre, para poder alojar las multitudes.

Cuando Cristo nos visita con esa clase de poder y gloria, y los lideres humanos son usados como canales para conducir la bendición de Dios al pueblo, es normal que la Novia note a los líderes que Dios está usando más representativamente. Hasta se puede enamorar de sus dones, visiones y unción en la plataforma.

Por lo tanto, antes de que Dios pueda enviar el gran derramamiento de los últimos días, él primero debe preparar a los eunucos espirituales en quienes las cuestiones de ambición, autopromoción, y deseo de un perfil público hayan sido crucificadas.

El gran anhelo de los verdaderos amigos de Jesús es que el nombre del Señor sea exaltado en la tierra. Hay solo un Nombre que ellos desean promover, y no es el de ellos.

Encuentre un eunuco en el cual su única ambición sea que el afecto de la Novia por el Novio sea perfeccionado, y usted habrá encontrado una vasija que pueda ser confiable para la unción de los últimos días.

CAPÍTULO 8
LA **INDUSTRIA**
DE LA **ADORACIÓN**

Toda esa charla acerca de los «eunucos espirituales» y «mercenarios» pudo parecer algo teórica, pero quiero mostrar cuán práctica y relevante es realmente. Acompáñeme en estos próximos tres capítulos a aplicar algunos de estos principios, específicamente aquellos que están involucrados en el ministerio de adoración y de la Palabra.

Si de alguna manera participa en el servicio del ministerio de adoración o de la palabra, está siendo parte de algo que es *especialmente* personal para Jesús. En el ministerio de la Palabra, Jesús lava y capacita a su Novia (Efesios 4:12, 5:26). En el ministerio de la alabanza, él restaura y fortalece a la Novia. Qué curioso que estos ministerios estén supervisados por Jesús de manera particular.

Mírenlo de esta forma: Pastores y líderes de alabanza participan en los mecanismos que dan forma al intercambio de amor entre la Novia y

el Novio. En esencia, nos paramos entre el Poten-
tado del universo y su Novia diciendo: «Déjame
ayudar. Déjame servir en esta relación amorosa.
Jesús, ayudaré a que tu Novia te ame con extra-
vagancia y devoción. Iglesia, te ayudaré a entender quién es tu Amado, y te ayudaré a crecer
en el entendimiento de su gracia».

Si ni fuéramos soberanamente *llamados* a tal
ministerio, sería espantosa y absurdamente ri-
dículo para cualquiera, proponernos a nosotros
mismos en el rol de mediador en el romance
entre el Rey del cielo y su Novia. Lo importante de esta tarea debería hacernos temblar el
corazón.

Jesús no necesita ayuda profesional con su
vida amorosa. Lo que él necesita es un verdadero amigo que lo ayude a servir a su Novia.

Solo un tonto permanece en el ministerio si
puede salir. La única razón para quedarse en el
ministerio es por el llamado. Cuando el após-
tol Pablo dijo: «Sin embargo, cuando predico
el evangelio, no tengo de qué enorgullecerme,
ya que estoy bajo la obligación de hacerlo. ¡Ay
de mí si no predico el evangelio!» (1 Corintios
9:16). Pero si puede salir, salga. Sea cualquier
otra cosa, si puede. Un administrador, un doctor, un constructor. ¿Por qué? Porque el área
de adoración está supervisada por un hombre
celoso. Debería darle temor dirigir la alabanza

ya que el Rey se quedará con usted para cerrar cuentas por su administración.

ADORACIÓN Y CRECIMIENTO DE LA IGLESIA

Lo último que quieres hacer es llevar una mentalidad de hombre de negocios al ministerio de alabanza. Cuando el Señor me reprendió por esto, tuve que confesar que había usado la alabanza para hacer crecer mi ministerio. Había usado las habilidades que Dios me habían dado y su unción para crear una atmosfera y una cultura propicia para el impulso empresarial y el crecimiento de la iglesia. Creí que estaba haciéndolo todo para Jesús, pero el Señor misericordiosamente empezó a revelarme cuánto estaba involucrado en esto. Tenía muchas posesiones. Estaba usando la alabanza para mi ventaja. Había aprendido a aprovecharme de la Novia para completar mi visión. Sin darme cuenta, me estaba convirtiendo en un profesional de ministerio.

Necesitaba ayuda para que el tema se vuelva personal otra vez.

Escuché a consultores de crecimiento en la iglesia que decían cosas como: «Si eres sabio y estratégico, puedes usar la alabanza y la predica para hacer crecer a tu iglesia». Pero la mano de amonestación de Dios sobre mi vida me ayudó a ver que ante sus ojos, la alabanza no es una herramienta de crecimiento de la iglesia. La alabanza no es un negocio, es un tema personal.

Entonces me pregunté a mi mismo algunas preguntas difíciles. ¿Es mi ministerio algo que me habilita a expandirme con mi plataforma y mi perfil publico, pudiendo hacer proezas para Dios? ¿Es el ministerio algo que hago desde mi lealtad personal a Jesús porque me ha llamado a servirle? ¿Es algo personal para mí, o son negocios?

PROFESIONALES

Es letal cuando los amigos de Dios empiezan a pensar y actuar como profesionales del ministerio. Cuando los hermanos de la congregación los llaman «Reverendo», «Pastor», «Doctor» u «Obispo», estamos a un paso de vernos a nosotros mismos en una categoría superior. El espíritu que cubre a los profesionales de los días de Jesús, los fariseos, está tan activo hoy como en aquellos tiempos.

Cuando Dios estaba preparando el planeta para el mayor suceso de toda la historia (me refiero a la llegada del niño Jesús a la tierra), ningún pastor solitario o clérigo, afectaron lo que Dios estaba haciendo. Los profesionales estaban totalmente ajenos al hecho de que una virgen estaba embarazada del Mesías. Los fariseos, escribas, ancianos, ninguno de ellos estaba en un lugar espiritual como para tener una pista. Aquellos que debían tenerla, no la tuvieron. ¿Quien tuvo esa pista? Un sin nombre y una mujer, llamados Simeón y Ana, que estaban encendidos en un espíritu de oración.

Las posiciones del liderazgo pueden verdaderamente distraernos de la sensibilidad que pensamos que tenemos. Podemos tornarnos tan ocupados sirviendo a la Novia que descuidamos nuestra conexión vital con el Novio.

Vivimos en una época en que la agenda de tantos ministros, en general, es en esencia una relación con la Novia. Pasan más tiempo invirtiendo energías en una relación con la Novia que con el Novio.

Una vez escuché a un líder apostólico, mientras le hablaba a pastores en un entrenamiento, elogiando sus prácticas con este enunciado: «Yo nunca leo la Biblia para mí mismo. Ya pasé por eso. Ahora voy a la Palabra de Dios para alimentar a otros».

A primera vista, esa práctica podrá parecer como una simple preocupación por el prójimo. Pero un paradigma de liderazgo espiritual que le da más atención al Cuerpo que a la Cabeza está en bancarrota. Es verdad que los líderes deben ser fieles en alimentar el rebaño de Dios, pero la única manera de ser verdaderos testigos de Jesús es ir a la Palabra para usted mismo primero, y luego alimentar al rebaño con lo que reboza de lo que Dios le está hablando a usted personalmente.

El verdadero amigo del Novio no va a la Palabra primordialmente a encontrar material para un sermón sino para ver la Palabra Viviente en las páginas que señalan al Señor. Dios sabe que usted servirá efectivamente a la Novia solo en el grado que se mantenga fiel e íntimo en su relación con el Novio.

Los grandes líderes de esta generación de los últimos tiempos serán aquellos que tengan una relación personal con Jesús, que hayan ido a la Palabra primordialmente para encontrarse con el Hombre, Jesucristo. Si no demuestra una irresistible pasión por Jesús en esta hora, será pasado por alto como digno de ayudar a preparar a la Novia para el día de su boda.

¿ES LA ALABANZA UNA INDUSTRIA PARA USTED?

Remontándonos a mediados de 1980, yo estaba enseñando en la universidad durante un evento llamado «Simposio de adoración». Ahí se presentó un ministro novato que tenía una visión de producir casetes de alabanza congregacional en vivo. El Espíritu Santo estaba enviando aire fresco a la alabanza de la iglesia, y

esta grabación apareció en un momento opor-
tuno para esparcir la llama. Esta cinta equipó
a la Novia de Cristo con nuevas canciones que
facilitaron el dinámico espíritu de la alabanza
y la adoración estallando en la tierra.

En principio, la única manera de conseguir
sus últimos lanzamientos era por pedido direc-
to por correo. En esa época, la idea de la música
cristiana contemporánea era mirada con gran
escepticismo. «Quieres decir que vas a grabar el
canto de la congregación guiado por un líder de
alabanza, y luego lo vas a poner en un casete, ¿y
esperas que la gente lo compre?». Nadie llevaba
los casetes porque nadie pensó que se vende-
rían. Considerando cómo era la típica adoración congregacional en 1984, la verdad es que
la idea evidentemente parecía descabellada. En
esa época, la adoración congregacional era algo
que había que soportar más que grabar.

Pero cuando la gente escuchó las grabaciones, tuvo una conexión inmediata con la pasión, la frescura, la energía, y simplicidad de
la devoción a Cristo que las grabaciones ma-
nifestaban. A diferencia de la dirección que la
música cristiana contemporánea había tomado,
estas grabaciones no estaban dirigidas por una
personalidad. Ellas exaltaban a Jesús.

Los pedidos por correos de esa compañía ex-
plotaron. Parecía que todos querían esos casetes.

No los podías encontrar en librerías cristianas, así que las iglesias los compraban en cantidades y los vendían directamente a su congregación. Las ventas eran impresionantes.

No pasó mucho para que los mercaderes se involucraran, y pronto los casetes empezaron a aparecer en las estanterías de las librerías de la nación. De repente, los gerentes se dieron cuenta que podían ganar dinero con esta producción. Al principio, los ubicaban a un costado de la estantería, pero luego de un tiempo los ponían en la vitrina central debido a la gran demanda. Otros ministerios empezaron a producir grabaciones de adoración en el mismo periodo de tiempo, así que la posibilidad de selección se expandió.

En ese entonces, yo no veía la hora de que me llegue mi grabación por correo. Un nuevo casete llegaba cada dos meses, y en cuanto lo recibía, me apresuraba a escucharlo.

Recuerdo un día en particular, a principios de los 90's, recibí mi nueva grabación y me apresuré a conectar mi reproductor para poder escuchar y ver qué nuevas canciones se habían producido. Apreté el botón «Reproducir» y lo primero que escuché fue una voz que decía: «Damas y caballeros…», seguido del nombre del líder de alabanza (quien por cierto es un gran hermano en Cristo). Al oírlo sentí que fui apuñalado en el pecho. Se trataba ahora de una personalidad. En ese momento me di cuenta que el movimiento de adoración se había convertido en una industria.

Mi punto no es decir «cuán malos somos», sino entender que: Dios lanzó el movimiento de adoración al mundo a través de siervos sin nombre que tenían un autentico deseo en el corazón por glorificar el nombre de Cristo. Hemos perdido algo de la pureza inicial del movimiento, pero no estoy desalentado. Dios nos remontará a nuestros inicios. Estoy convencido de que Dios restaurará la pureza del corazón para con el movimiento de adoración y nos llevará a un nivel mayor de consagración. Nuestro Dios, cuyo nombre es Celoso, lo hará.

Dios llevará a la alabanza a un nuevo nivel. Y cuando lo haga, él no usará a los mercaderes y comerciantes sino a aquellos que tengan un espíritu de mansedumbre, con corazones que ardan por el Señor Jesucristo y anhelen su regreso. Él usará a aquellos que tomen el nombre del Señor Jesús como un tema personal.

Cuando el último gran movimiento del Espíritu Santo venga a la tierra, no quiero que me encuentre entre los mercaderes, capitalizando al Espíritu Santo para reforzar sus ventas. Quiero estar entre aquellos que se postren en su majestuosa presencia, precioso Rey.

CAPÍTULO 9
LOS **TRES PARADIGMAS**
DE LA **ADORACIÓN**

Cerré el capítulo 7 apuntando a la gloria que está por venir a la iglesia. Quiero extenderme en eso aun más.

Es esencial que tengamos una clara expectativa en cuanto a la gran cosecha de almas que producirá la segunda venida de Cristo, como una claro entender sobre cuán importante es para Dios que sus siervos están preparados correctamente para proveer liderazgo efectivamente en esa hora de visitación.

Cuando consideramos la severidad de Dios al hacer eunucos espirituales, quizás nos veamos tentados a quejarnos: «Señor, estás siendo excesivamente duro. Tu cuchilla no necesita ser tan severa para que yo te responda. No me estás moldeando. ¡Me estas matando!».

Si alguna vez intentó pensar que Dios lo estaba presionando demasiado, no está solo. Sin embargo, la fuerza de las disciplinas de Dios en la vida de sus siervos tiene sentido solo cuando tenemos una correcta perspectiva de la visitación que está por venir. Muy pronto, Dios visitará su iglesia de una forma en que las multitudes se multiplicarán, las ofrendas despegarán, los milagros también abundarán, y los ministerios experimentarán algo sin precedentes.

Los líderes que serán útiles en las manos del Maestro en aquella hora, serán eunucos que han desprendido de sus vidas todo interés propio, y que están disponibles para Jesús simplemente por su devoción personal para con él.

Con esto en vista, me gustaría graficarles acerca de dónde veo a Dios hablándole a la iglesia en los días venideros. Para hacer eso, voy a empezar por el terreno de donde venimos.

PRELIMINARES

Déjeme remontarme a mi infancia por un momento. En los años 60's, la iglesia esencialmente funcionaba bajo un paradigma de adoración de «preliminares». Muchos de los servicios tenían solo dos elementos: las preliminares y el sermón. Todo lo anterior al sermón eran «preliminares» al sermón. El sermón era el gran evento. Todo lo demás era secundario. Las preliminares, entonces, eran anuncios, ofrenda, bebes, dedicación, música especial, Santa cena, etc. La adoración era una de tantas preliminares.

No digo que la adoración no era importante. Lo era. Solo que no era tan importante como la predica.

El siguiente ejemplo ilustra las prioridades de esa era. Crecí en una iglesia tradicional donde para ser un líder de alabanza debía tener una calificación general. ¿Le preguntaban a la persona si podía cantar? No, esa no era la pregunta. ¿Le preguntaban si era músico? No, esa tampoco era la calificación necesaria para liderar la alabanza. ¿Le preguntaban si tenía el corazón de un adorador? No. La pregunta principal para los líderes de alabanza era esta: «¿Forma parte de la junta o directorio?». Si era miembro de la junta, eso significaba que podía ser llamado a dirigir la alabanza. Esto le daba a la junta una mayor visibilidad de la congregación.

Muchas cosas han cambiado. Ahora tenemos lideres de alabanza remunerados en muchas iglesias, algo que ni pasaba por la imaginación de los pastores de los 60's.

PRESENCIA
Luego algo sucedió. Un movimiento del Espíritu ocurrió en América en los 70's, conocido como Renovación carismática. Con esto no solo vino una gloriosa ola de unción y de enseñanza sino también una renovación gloriosa en la alabanza.

Quizás la revelación de alabanza más destacada en esos días fue el despertar de la iglesia de acuerdo al Salmo 22:3: «Pero tú eres santo, tú que habitas entre las alabanzas de Israel» (RVR 1960). El mensaje se extendió a través del cuerpo de Cristo al declarar que Dios habita entre las alabanzas de su pueblo. Cuando le alabamos, él responde estableciendo su presencia entre su pueblo.

Este énfasis movió a la iglesia a una nueva y fresca dimensión de la alabanza, la cual la denomino el paradigma de la «presencia» en la adoración. La adoración, tal y como nos dimos cuenta, es nuestro camino hacia la presencia de Dios. Cuando el poder de la alabanza y la adoración se apoderó de la iglesia, cambiamos la forma de dirigir nuestros servicios porque reconocimos que no había un solo evento principal en el servicio o culto, sino *dos*. La alabanza y el sermón tomaron igual significado.

Empezamos a considerar que el culto de alabanza merecía la misma inversión de planeamiento y preparación que la predica. Un pastor ya no solo «preparaba» un mensaje para el culto del domingo, ni el líder de alabanza «preparaba» en el último minuto un servicio de adoración.

Ahí fue cuando los equipos de alabanza comenzaron a formar grupos que se juntaban otro día en la semana para orar juntos y practicar.

Nuevos niveles de compromiso empezaron a producir nuevos niveles de excelencia en la expresión musical de nuestra adoración, que aun sigue creciendo.

El paradigma de la presencia en la adoración invadió totalmente el paradigma de los preliminares, y sacudió las denominaciones y las iglesias como una tormenta. Hace ya treinta años que estamos practicando esto, y ahora se sostiene como paradigma universal de adoración en la iglesia. Los santos nos reunimos los domingos, elevamos cantos de alabanza, y esperamos que Dios mismo descienda en medio nuestro. Luego de la reunión, todos regresamos a nuestras casas, pasamos la semana, y nos reunimos nuevamente el siguiente domingo, a la hora que comienzan otra vez a aclamar el nombre de Dios. Cada vez que nos congregamos, es como si empezáramos de cero, por el extenso periodo entre cada reunión.

Sin embargo, no estaremos por siempre en el paradigma de la presencia. De hecho, siento que ese tiempo ya se está acabando, y el Señor está en proceso de transmitirnos algo nuevo.

MORADA

Muy pronto llegará el día en que Dios nos llevará a las fronteras del paradigma de la presencia y nos lanzará a las profundidades de lo que ha estado en su corazón desde el principio. Lo llamo el paradigma de la morada de la adoración.

Morada es la palabra que estoy usando para describir lo que Pablo habló en Efesios 2:21-22:

«En él todo el edificio, bien armado, se va levantando para llegar a ser un templo santo en el Señor. En él también ustedes son edificados juntamente para ser morada de Dios por su Espíritu».

El propósito de Dios, desde el principio, ha sido que la iglesia sea su morada. Dios no solamente quiere visitarnos cuando nos congregamos una vez por semana. Él quiere establecer su morada entre nosotros y con nosotros. Él quiere una realidad ardiente de continuo seguimiento, 24/7 (veinticuatro horas los siete días de la semana) con los santos en la tierra, como él lo hace con los santos en el cielo. Él quiere adoración «en la tierra como en el cielo» (Mateo 6:10). Incesante, extravagante, completa adoración.

El modelo empezar / terminar / empezar / terminar ha concluido. El cristianismo de noventa minutos ha acabado. En esta hora, Dios está estableciendo a la iglesia como una casa de 24/7 de oración porque él quiere visitarnos como su morada.

Amos predijo que esto pasaría cuando escribió: «En aquel día levantaré la choza caída de David. Repararé sus grietas, restauraré sus ruinas y la reconstruiré tal como era en días pasados» (Amos 9:11). Él se refería al padrón de la adoración de 24/7 inaugurada por David. Hace miles de años atrás, él estableció la adoración a toda hora en Sion porque tuvo la visión de la morada. David sabía que Dios estaba rodeado de incesante acción de gracias y alabanzas, y sabía que no vería la posibilidad de que Dios morara en la tierra hasta que no se estableciera un lugar de alabanza incesante, afectiva y de acción de gracias para él.

Amado, Dios no menosprecia los servicios cortos, él los quiere incrementar a 24/7.

Cuando venga a su morada, la reunión nunca se detendrá. Porque cuando Dios está en la casa, nadie quiere irse. Puedes apagar las luces y la energía del sistema de sonido, pero si Dios está en la casa, no podrás hacer que la gente se vaya. La reunión continuará. Algunos se irán de a poco por algunas razones necesarias, pero pronto regresarán. En todo el ir y venir, la reunión continúa mientras la gloria de Dios se manifiesta en su pueblo.

Esto fue lo que pasó en el desierto cuando la multitud tenía a Jesús presente. Estar con él era tan glorioso que no se iban nunca, solo acampaban. No les importaba que no tuvieran comida, estaban con Jesús. Luego de tres días, Jesús tuvo que finalizar la reunión a la fuerza y se retiró a la montaña porque si se quedaba, ellos hubieran permanecido allí. La gente peregrinaba en la gloria de la morada y no querían que se detenga.

Morada simplemente significa que Dios está en ese lugar, y está demostrando que su presencia es tangible con manifestaciones de poder y de gloria.

Algunas iglesias están acortando su tiempo de alabanza para lograr que más personas vayan a sus templos. Pero un día cuando el Espíritu Santo trate de llevar a la iglesia a 24/7, no quiero que me encuentren empujando en la dirección opuesta.

Algunos equipos pastorales están luchando con algunas preguntas: «¿Cómo podemos hacer lo que hacemos en 90 o 75 minutos?». El pensamiento es que las reuniones más cortas hacen que el servicio sea más agradable y relevante para inconversos. Amo el deseo de buscar al que no se congrega; pero nuestro problema fundamental en América no es la falta de gente en las reuniones. Nuestro problema es que necesitamos a Dios en nuestras reuniones.

Con el pretexto de «buscar al perdido», hemos aceptado un modelo profesional del ministerio, liderado por mercenarios que usan astutas prácticas de negocios para ganar el favor de la Novia. Somos muchos porque estamos escuchando la voz de la Novia (crecer en asistencia), mas que al enfermo de corazón con deseo de escuchar la voz del Novio. ¿Dónde están los amigos del Novio que arden por la agenda de Dios más que por su propia agenda?

He llegado a la brillante conclusión de que las personas están fundamentalmente aburridas. Tanto que si tienes 300 personas en un edificio, has aburrido 300 veces. Si tienes 3000 personas en un edificio, has aburrido 3000 veces.

Mete a Dios en tu edificio, ¡ahora tienes algo!

Entonces, me doy cuenta que la plenitud de la morada no vendrá hasta que venga el tiempo. La plenitud que deseamos está expresada en Apocalipsis 21:3:

> *«Oí una potente voz que provenía del trono y decía: "¡Aquí, entre los seres humanos, está la morada de Dios! Él acampará en medio de ellos, y ellos serán su pueblo; Dios mismo estará con ellos y será su Dios"».*

Cuando Dios establezca su morada entre su pueblo, ¡oh qué gloria vamos a contemplar! En ese día, experimentaremos la plenitud de lo que significa tener la morada de Dios entre los hombres. El Padre traerá el cielo a la tierra y establecerá su residencia eterna con nosotros.

Me doy cuenta que no experimentaremos ese nivel de gloria en esta época. Sin embargo, experimentaremos un pago inicial de la plenitud en esta época, de acuerdo con la multiforme sabiduría y gracia de Dios. Lo que Dios revela en plenitud en el tiempo que vendrá, él lo revela ahora de manera incremental porque él es el mismo ayer, hoy, y siempre (Hebreos 13:8).

Abba Padre, ¿cuánto más nos darás? Danos de ti tanto como nuestro espíritu humano pueda soportar en nuestras limitaciones. ¡Nosotros te queremos a ti!

CAPÍTULO 10
LA **GLORIA**
DE SU **MORADA**

¿Cómo será cuando Dios establezca su morada en medio de su pueblo? Pablo se refirió a la gloria de esa realidad cuando describió la normativa de la adoración bajo la gracia del Nuevo Pacto.

> *«Pero si uno que no cree o uno que no entiende entra cuando todos están profetizando, se sentirá reprendido y juzgado por todos, y los secretos de su corazón quedarán al descubierto. Así que se postrará ante Dios y lo adorará, exclamando: "¡Realmente Dios está entre ustedes!"»* (1 Corintios 14:24-25).

Cuando Dios mora en la casa con este nivel de gloria, casi todos en la reunión están profundamente advertidos de la cercana presencia de Dios. Hasta los inconversos se dan cuenta que Dios está entre su pueblo.

Una forma fundamental en la que el inconverso o desconocedor advierte la presencia de Dios, es a través del don espiritual de profecía. Cuando el Espíritu Santo revela los secretos al corazón de un inconverso en público, no lo hace exponiendo sus pecados, sino que identifica los deseos más íntimos de su corazón. El inconverso de repente se da cuenta: «¡Dios me conoce! Él sabe mi dirección. Él conoce mis pensamientos. Él conoce mis deseos y sueños. ¡Dios está aquí, en este lugar!». La convicción desciende sobre él y cae con su rostro a tierra, adorando a Dios.

¿Cuándo fue la última vez que un inconverso cayó sobre su rostro en uno de sus servicios de adoración? Raramente sucede en nuestro modelo actual de presencia, pero cuando la morada de Dios venga, prepárese. Los pecadores caerán sobre sus rostros y llorarán, porque los más endurecidos, cínicos y duros se darán cuenta de que el Dios del universo, Todopoderoso, habita entre su pueblo.

Pablo continuó diciendo que el inconverso reportará que: «Realmente Dios está entre ustedes». Él regresará a su casa y le dirá a su familia y amigos: «Muchachos, pensé que solo iba a una reunión en una iglesia. Pero cuando llegué, ¡Dios estaba ahí! ¡Casi mi muero del susto! Detuvo toda la reunión para hablarme a mí. ¡Oh!, fue muy intenso. Usó frases exactas que yo había usado esta mañana. Es verdad, Dios sabe cada palabra que decimos y cada pensamiento que tenemos. ¡Todavía estoy temblando! ¡De verdad te digo! Si quieres encontrarte con Dios, ve a ese lugar. ¡Dios está allí!».

No es tan difícil hacer que una reunión sea lo suficiente encendida como para que los creyentes ardientes que estaban allí se vayan de la reunión eufóricos hablando de lo ocurrido, pero cuando los creyentes más fríos se van de la reunión diciendo: «¡Dios estuvo allí!». Algo ocurre.

Cuando Dios establece su morada entre su pueblo, apenas importa en qué condición usted llega a la reunión ya que será impactado por la presencia de Dios. Podrá estar enojado, triste o contento. Podrá estar aburrido, furioso, crítico, distraído, frío o caliente. Sin tener en cuenta su marco emocional, cuando la gloria de Dios se manifiesta, se dará cuenta por completo que no está en un servicio de adoración común y corriente.

LA GLORIA VENIDERA
Quiero enfatizar ahora que Dios se está preparando para llevar la adoración conjunta a un nuevo nivel. Hemos estado tanto tiempo en incredulidad que no podemos creer que la gloria de Dios tome parte en la asamblea. Pero lo que Joel profetizó está llegando (Joel 2:28-32).

El Espíritu será derramado de una manera sin precedentes. Ya ha derramado su Espíritu en un cierto grado (por el cual estamos agradecidos), pero un mayor derramamiento está por venir sobre nosotros.

Cuando Dios traiga su morada, nuestros edificios no podrán contener la cosecha. Las reuniones se trasladarán a los grandes estadios de la tierra, y la gente vendrá de todos lados para encontrarse con Dios. Por pequeños periodos de tiempo, los estadios de futbol se convertirán en casas de oración.

Una de las cosas que la gloria venidera contendrá, será una mayor actividad angelical entre la gente de Dios, de acuerdo con su asignatura en las Escrituras: «¿No son todos los ángeles espíritus dedicados al servicio divino, enviados para ayudar a los que han de heredar la salvación?» (Hebreos 1:14).

ÁNGELES DE ALABANZA

Creo que el día está cerca en el cual los ángeles una vez más se involucrarán en nuestras reuniones de adoración. Dirás: «¿Otra vez? ¿Alguna vez estuvieron involucrados en la alabanza conjunta?». Creo que la respuesta es: «Sí».

Cuando los ángeles anunciaron el nacimiento de Cristo a los pastores, dijeron una frase única. Nunca se había pronunciado en las Escrituras:

> *«Gloria a Dios en las alturas, y en la tierra*
> *paz a los que gozan de su buena voluntad»*
> (Lucas 2:14).

Era un coro angelical, y la otra vez que fue verbalizado en las Escrituras, parece haber sido igual de poderoso por la actividad angelical. Me refiero a la entrada triunfal de Cristo en Jerusalén, cuando las multitudes alzaron sus voces en alabanza a Dios con palabras similares, diciendo: «¡Paz en el cielo y gloria en las alturas!» (Lucas 19:38).

Si alguna vez pensaste acerca de ángeles que están presentes y activos en la entrada triunfal, una revisión de lo que aconteció quizás te ayude a verlo.

> *«Al acercarse él a la bajada del monte de los*
> *Olivos, todos los discípulos se entusiasmaron*
> *y comenzaron a alabar a Dios por tantos*
> *milagros que habían visto. Gritaban:*
> *¡Bendito el Rey que viene en el nombre del*
> *Señor! ¡Paz en el cielo y gloria en las alturas!*
> *Algunos de los fariseos que estaban entre*
> *la gente le reclamaron a Jesús: ¡Maestro,*
> *reprende a tus discípulos! Pero él respondió:*
> *Les aseguro que si ellos se callan, gritarán las*
> *piedras»* (Lucas 19:37-40).

¿Te imaginas un servicio de adoración con un estallido de la multitud? ¡En este evento ocurrió! Mateo reportó que: «¡Toda la ciudad se conmovió!» (Mateo 21:10). La energía en la alabanza era tan tangible que algunos de los fariseos, alarmados por lo que la reacción de la gente podría conllevar, instaron a Jesús a detener todo.

Cuando piensas en esto, no había una razón natural para que esta reunión de alabanza tenga este tipo de energía. Para empezar, era un evento al aire libre. Si alguna vez usted trató de dirigir la alabanza al aire libre, debe saber lo difícil que es. No hay paredes para que la voz pueda acustizar y así escuchar su respuesta, y normalmente, cuando los adoradores no escuchan las voces alrededor, ellos mismos bajan el volumen de la voz. Es extremadamente difícil formar un sonido conjunto al aire libre.

Además, no tenían sistema de sonido. Una adoración al aire libre es viable con un poderoso sistema de sonido, pero sin nada se vuelve virtualmente imposible.

Pero este evento tenía aun más cosas en contra. No había un líder de alabaza. Nadie lo había planeado, nadie había seleccionado canciones para cantar, y nadie era el líder ante la multitud.

Sumado a que no había instrumentos musicales, ni micrófonos, ni amplificadores, ni músicos, ni cantantes, ni planeamiento. Agréguele todo eso y llegue a una conclusión: «Este servicio de alabanza arrancó con fallas abismales desde el comienzo. Y como si todo esto fuera poco, estaban los fariseos, como aguafiestas, tratando de reprimir todo con su indignación y descontento».

Aun así, a pesar de todos los obstáculos naturales, la alabanza fue explosiva. La alabanza era tal que Jesús mismo dijo: «Si ellos se callan, gritarán las piedras». ¿Qué causó tal estallido dinámico de alabanza bajo estas circunstancias aparentemente imposibles? Hay una sola respuesta razonable: ángeles. La alabanza de los ángeles. Estoy sugiriendo que los ángeles estaban encendiendo las palabras que eran entonadas («¡Paz en la tierra y gloria en las alturas!»), y potenciaban las multitudes con espíritu de alabanza. La energía espiritual que había era tan fuerte que, si la gente se hubiera callado la boca, las rocas mismas hubieran clamado. (Las rocas solo claman bajo situaciones sobrenaturales).

UNA EXPERIENCIA PERSONAL CON UNA ACTIVIDAD ANGELICAL

Recuerdo una reunión en la cual pude palpar algo de esta realidad. El año era 1986. En esa época, era un pastor de 29 años y líder de alabanza, y me habían pedido que reuniera un equipo de alabanza para la conferencia anual de pastores de mi denominación. Estaba deseoso de ser ministrado por nuestro orador invitado ya que había escuchado mucho acerca de él, pero nunca había estado en uno de sus servicios. Su nombre era John Wimber, y era reconocido por su don de motivar creyentes en el ministerio de sanidad.

Todavía recuerdo la primera noche de esa conferencia. El lugar estaba electrificado. Casi podías escuchar el crujir de partículas cargadas en la atmósfera. El espíritu de expectativa en el lugar, era contagioso. Cuando toqué el primer acorde en el piano, el edificio explotó. Nos elevamos a casi 12.000 metros de altura. Sin pistas, sin haber despegado, sin ascender, estuvimos instantáneamente en la estratósfera. En el trono. Para un líder de alabanza de veinte y tantos años, la adrenalina del momento era increíble.

Era como un adolecente en un auto súper deportivo. Una pequeña acelerada y el motor rugiría como nunca. El sentimiento de poder era increíble. Como líder de alabanza me di cuenta en ese momento que era imposible tomar alguna mala decisión musicalmente hablando. Sentía que podía sacar cualquier canción de la galera y funcionaría. Tocar una nota en el piano y sería suficiente. Ni siquiera necesitaban una canción. Simplemente tocar una nota y estábamos a 12.000 metros de altura.

El poder que sentí en ese momento, francamente, fue embriagador. Tenía el culto en mis manos, y explotaría sin importar qué canción cantara. Me repetía que la energía de la reunión no era mi logro. «Sé que ocurre algo más que mi liderazgo en la alabanza». Aun así, no pude aplacar mis pensamientos instintivos: «Sin embargo, debo admitir que los líderes de la conferencia fueron bastante sabios al pedirme que dirija la alabanza este año». No pude evitarlo, estaba llevándome algo inconscientemente, un crédito parcial por el tremendo éxito del servicio de alabanza.

Soy mucho más objetivo sobre eso ahora. Más de 20 años después, me doy cuenta de que la energía de la congregación no tenía nada que ver conmigo y «mis maravillosos dones de liderazgo». ¿Cuál fue la causa? Ángeles. Ahora me doy cuenta: En esa época, John Wimber tenía un grupo de ángeles que le seguía dondequiera que él iba. Los ángeles se involucraban con las alabanzas, y en las sanidades (Juan 5:4), y en cualquier forma que el Señor les destine a servir a los santos (Hebreos 1:14). Y era poderoso.

Ahí estaba yo, un joven, sentado en la consola del piano y sintiendo el poder del motor. No estaba preparado para administrar la unción del momento. Aunque entonaba a Jesús las palabras correctas, algo en ese momento era egoísta en mí. Mi corazón quería que sea algo personal entre Jesús y yo, pero en la euforia del momento, se volvió un negocio. Estaba al tanto de cuán competente aparentaba ser.

Ahora, finalmente estoy llegando al punto. Cuando la gloria de Dios es manifiesta en adoración, como él nos prometió, será tentador para los líderes usar la visibilidad de la plataforma y el reconocimiento de nombre del momento para crear una ventaja personal. Nuestra única seguridad será si fuimos probados en el crisol y preparados por el Señor para manejar esa clase de situación con madurez.

Nuestros días más gloriosos están ante nosotros. Dios establecerá su morada entre su gente. La gloria de Dios será demostrada tangiblemente en la iglesia. La actividad angelical se incrementará. Milagros ocurrirán, junto con señales y prodigios. Un espíritu de profecía descenderá sobre la iglesia. Nuestros edificios no podrán alojar la cantidad de personas, y este mover de Dios se mudará a estadios. ¿Quien será el líder en ese momento? Aquellos para quienes todas las cosas se han vuelto intensamente personales entre ellos mismos y Jesús. Este tipo de gloria es solo para los verdaderos amigos del Novio.

LA SOBRIEDAD DE LO QUE ESTÁ POR VENIR

Todos nosotros deseamos la gloria venidera.

Aclamamos por ella. Queremos ver la gloria de su rostro y el poder de su mano demostrada en la tierra a través de señales a las Naciones.

Sin embargo, hay un aspecto a temer en esto. Lo que da miedo es el proceso preparatorio por el cual Dios nos llevará para hacernos dignos de semejante gloria.

Para convertirse en amigo del Novio, como lo era Juan el Bautista, se requiere de una temporada en el desierto.

> *«Yo soy la voz del que grita en el desierto: "Enderecen el camino del Señor" respondió Juan, con las palabras del profeta Isaías»* (Juan 1:23).

No siendo casado, Juan el Bautista sirvió a Jesús como un eunuco en las tierras del Rey. En la terminología de Juan, él se llamaba «el amigo del Novio». También podríamos usar el termino: «eunuco espiritual». Ambos términos se refieren a la misma realidad: una lealtad personal hacia el Rey que sirve desinteresadamente a sus intereses.

Independientemente de lo duro que significa el sistema (estar en el desierto o bajo una cuchilla), Dios debe utilizarlo para que podamos ser calificados como portadores de su gloria en la hora de su visitación.

CAPÍTULO 11
LA **CRUZ** LO HACE
UN **TEMA PERSONAL**

Cuando Dios nos llama por primera vez para servirle, nos lanzamos con sinceridad, humildad, mansedumbre, enamorados y puros de corazón. Sin embargo, muchos solemos recolectar cosas por el camino. Lo que empezó con simpleza de corazón, luego suele transformarse en profesionalismo, antigüedad, promoción y derecho. En nuestra carnalidad, tenemos una manera de meternos con una forma de negocios que puede aparecer tan lenta y sutilmente que no nos damos cuenta.

Sin embargo, Dios tiene una forma de mantener las cosas de manera personal. Cuando Dios aplica la cruz a tu vida, no hay otra forma de tomarlo que no sea personal.

Cuando el rey Nabucodonosor hizo de Daniel un eunuco, puedes estar seguro de que Daniel lo tomó como algo personal.

Cuando Candace hizo de su tesorero un eunuco, él lo tomo como algo personal.

Cuando Dios permitió que fueran asesinados los diez hijos de Job, Job lo tomó como algo personal.

Cuando Dios tocó la cadera de Jacob, fue algo personal.

Cuando el Padre crucificó al Hijo, Jesús lo tomó como personal.

A veces Dios hace cosas en nuestra vida de manera que todo lo que comprende nuestra relación con él sea extremadamente personal.

LA CRUCIFIXIÓN ES ALGO PERSONAL

Cuando veo a líderes en el cuerpo de Dios con mentalidad de negocios, no me inquieto porque estoy advertido de que Dios sabe cómo hacerlo personal. Él puede traer una cruz a su vida en cualquier momento. Si esto se volvió un negocio para usted, lo más amable que él puede hacer es traspasarlo en una cruz.

La cruz tiene la manera de noquear el negocio dejándolo a usted sin nada. Cuando está clavado en la cruz, su negocio es triturado.

La cruz es la manera que tiene Dios de hacer las cosas personales.

Cuando Jesús hizo lo de la cruz, todo se tornó personal para él. Cuando los hombres injuriaban contra él, se daba cuenta que sus odios eran personales. Cuando las hordas del infierno se abalanzaron sobre él, tomó su furia como algo personal. Cuando el Padre lo abandonó, lo tomó como algo personal.

Cuando alguien pone clavos en sus manos y pies, usted lo toma como algo personal: «Me estás haciendo esto a mí. Vienes en contra de mí».

Cuando Dios lo hiere (Ezequiel 7:9), tómelo como algo personal.

LA RESURRECCIÓN ES ALGO PERSONAL

Cuando Dios lo rescata del pozo, adelante, tómelo como un tema personal.

Cuando Dios libertó a David, él lo tomo como algo personal: «Me libró porque se agradó de mí» (Salmo 18:19).

Cuando Dios resucitó a Jesús, él estaba haciendo una declaración personal sobre su deleite en su hijo. Eso es a lo que Romanos 1:4 se refiere cuando dice que Jesús fue «declarado para ser el Hijo de Dios con poder... por la resurrección de su muerte». Al resucitarlo, el Padre estaba declarando que Jesús era el Hijo de Dios.

Hechos 13:33 nos lo confirma indicando que cuando el Padre resucitó al Hijo, en verdad anuncio fuertemente en el infierno: «Tú eres mi hijo; hoy mismo te he engendrado». ¡El infierno habrá temblado ante esta voz! En ese momento, todos en el infierno sabían cómo se sentía el Padre para con el Hijo. ¡No cabe duda el por qué Jesús tomó su resurrección como algo tan personal.

FUE PERSONAL PARA JOB

Job fue un hombre en la Biblia que experimentó la crucifixión y la resurrección. Él es muy conocido por la terrible cruz que cargó. Divinamente orquestado a través de eventos, él perdió todas sus posesiones y sustento (sus ovejas y sirvientes habían muerto, luego sus burros, camellos, y bueyes le fueron robados). También, el mismo día, Job perdió a sus diez hijos en un desastre natural («un tornado»). Luego, perdió su salud por una plaga de úlceras que cubrió su cuerpo. El hombre más piadoso de ese tiempo de repente estaba sufriendo mucho más cualquier otro hombre en la tierra.

La razón por la que Job estaba sufriendo tan intensamente era por una apuesta que Dios tenía con el diablo. Satanás fue a acusar a Job ante Dios con un argumento como este: «Job te sirve por cómo bendices su vida. No lo hace por ti. Esta en esto porque son negocios. Déjame sacudirlo un poco y entenderás lo que digo. Él mostrará sus verdaderas intensiones. ¡Quita tu bendición de sus negocios y verás cómo te maldice en tu propia cara!» (Estoy interpretando Job 1:9-11).

Dios sabía que Job estaba en esto como algo personal, así que aceptó la apuesta. «Satanás, te apuesto que Job me amará a pesar de todo, aun si haces temblar su negocio». Dios permitió a Satanás acechar las posesiones de Job, llevándolo al caos y a la calamidad.

Job era un astuto hombre de negocios, pero cuando Dios se metió, arruinó los negocios de Job, de repente todo se volvió personal para él. Se dio cuenta de que: «Dios *me* acechó. *Me* golpeó. Su disciplina está sobre *mí*».

Cuando Dios te ubica entre una roca y un lugar difícil, donde nada ni nadie puede ayudarte o librarte, es la manera que tiene de hacerlo personal. «Nadie más puede ayudarme Dios, eres tú y yo solamente. Tú eres mi única esperanza».

Puedo imaginarme a alguien que se le acerca a Job luego del acecho de Dios para con su negocio y decirle: «Job, me siento tan mal por lo que te pasó. Es horrible. Pero como has perdido todo, ¿no piensas que debes pedirle una mano a alguien más? Digo, todavía debes proveer a tu esposa. ¿No es hora que te levantes y empieces a buscar una fuente de ingreso?».

Job respondería algo como: «Me han sacado el negocio. Ya no se trata del negocio. Esto es algo personal. Es algo personal entre Dios y yo. Así que esperare hasta que él me hable».

Su vida ya no daba para más, y ahora lo único que Job quería era una audiencia con el Rey.

Cuando Dios lo hiere, él quiere que lo tome como algo personal. Realmente se trata de usted y de él. Se encuentra mirando a Dios y diciéndole: «Dios, quiero que hablemos de ti y de mí. De ti. Y de mí. ¿Dónde estamos? ¿Qué piensas cuando me miras? He perdido el rumbo de nuestra relación. Mis emociones me dicen que tú estás enojado conmigo. Necesito escucharlo directamente de ti. Háblame. ¿Qué pasa entre nosotros?».

«MI SIERVO JOB»

El capítulo final del libro de Job nos da algunos datos de cómo terminaron las cosas entre Dios y Job. Aquí hay un extracto de ese capítulo final.

Después de haberle dicho todo esto a Job, el Señor se dirigió a Elifaz de Temán y le dijo: «Estoy muy irritado contigo y con tus dos amigos porque, a diferencia de mi siervo Job, lo que ustedes han dicho de mí no es verdad. Tomen ahora siete toros y siete carneros, y vayan con mi siervo Job y ofrezcan un holocausto por ustedes mismos. Mi siervo Job orará por ustedes, y yo atenderé a su

oración y no los haré quedar en vergüenza. Y conste que, a diferencia de mi siervo Job, lo que ustedes han dicho de mí no es verdad». Elifaz de Temán, Bildad de Súah y Zofar de Namat fueron y cumplieron con lo que el Señor les había ordenado, y el Señor atendió a la oración de Job. Después de haber orado Job por sus amigos, el Señor lo hizo prosperar de nuevo y le dio dos veces más de lo que antes tenía (Job 42:7-10).

Escucho a Elifaz diciéndole a Job:

—Job, ¡estoy aterrado! Dios me acaba de hablar, ¡y estoy muy asustado!

Supongo que Job respondió algo como:

—Bueno, bien. Me alegro de no ser el único. Es refrescante escuchar que alguien más está aterrado de él.

Elifaz continúa:

—Lo digo muy seriamente. Estoy temblando y deshecho. Dios dijo que está enojado conmigo y con Bildad y Zofar porque no hemos hablado debidamente de él, como tú has hecho. Y dijo que si no oras por nosotros, él se encargará de nosotros por nuestras tonteras. Job, estoy petrificado. ¡Por favor, por favor! ¡Ora por nosotros!

Esa parte de la conversación está esencialmente presente en el texto. Ahora, me gustaría sugerir una conversación hipotética que no está en el texto, pero que podía potencialmente haber sucedido.

Imagine a Job respondiendo al pedido de Elifaz diciendo:

—Seguro Elifaz. Oraré por ti. Me encantaría. Pero antes, ¿puedo hacerte una pregunta?

—Claro. ¿Qué quieres saber? —Elifaz respondió.

—Cuando Dios te habló, ¿dijo mi nombre? Elifaz se detuvo ante la inusual pregunta.

—Bueno, en verdad, sí.

—¡Dijo mi nombre! —exclamó Job.

—¡Sí! —afirmó Elifaz—. Dijo el nombre «Job». Pero eso no es todo, él dijo algo más. Sus palabras textuales fueron: «Mi siervo Job».

Job preguntó entusiasmado:

—¿Me llamó su siervo?

—¡Sí! —respondió Elifaz—. Dijo que tú eras su siervo. Y lo dijo cuatro veces.

Al oír eso, Job miró para abajo y dio un paso atrás. Su garganta se apretó.

—Muy bien —finalmente dijo, levantando sus ojos al horizonte—. Gracias, Elifaz. Es todo lo que quería saber.

Absorbido en sus pensamientos, se dio vuelta y lentamente empezó a caminar.

«¡Dijo mi nombre!» Eso era suficiente para Job. Todo lo que le importaba era eso. Luego de haber vivido algo tan agonizante e intenso, Dios finalmente lo poseía a él.

DI MI NOMBRE

Si usted es uno de los amigos de Dios, quizás Dios lo haga pasar por el crisol igual que a Job, uno tan intenso, en la cual su negocio le sea quitado y todo se vuelva personal entre usted y Dios. Los verdaderos amigos del Novio han pasado por la prueba y han perseverado a través de la prueba y probado su fidelidad personal para con el Novio.

Su viaje puede incluir un gran choque y una gran muerte. Pero la historia del siervo de Dios no está completa hasta la crucifixión que seguida por la resurrección. La historia, correctamente escrita, termina con el corazón del Novio y de la Novia, unidos por la ardiente intimidad.

Dios golpeó a Job hasta que esto lograra transformarse en un tema personal para *él*. Luego Dios lo levantó porque esto era personal para *él*.

Su forma aun sigue siendo la misma. Lo confrontará porque quiere que esto sea personal para usted, luego lo levantará para demostrarle que se deleita en usted.

Abba, creo que puedo resistir este difícil presente si tan solo, al final, dirás mi nombre y me poseerás como tu hijo. La cruz lo hizo personal para mí. Mi alma descansará cuando tú demuestres con tu poder de resurrección que nuestra relación se ha convertido igualmente personal para ti.

Nos agradaría recibir noticias suyas.
Por favor, envíe sus comentarios sobre este libro
a la dirección que aparece a continuación.
Muchas gracias.

Editorial Vida®
.com

Vida@zondervan.com
www.editorialvida.com